NEW 북즐 시리즈 02

지속 가능한 출판을 위한

출판편집의 시작

배경희 지음

02

NEW 북즐 시리즈 ─────────────

지속 가능한 출판을 위한
출판편집의 시작

펴 낸 날   초판 1쇄 2021년 3월 19일

─────────────────────────────

지 은 이   배경희
펴 낸 곳   투데이북스
펴 낸 이   이시우
교정·교열   김지연
편집 디자인   박정호
출판등록   2011년 3월 17일 제307-2013-64호
주   소   서울특별시 성북구 아리랑로 19길 86, 상가동 104호
대표전화   070-7136-5700   팩스 02) 6937-1860
홈페이지   http://www.todaybooks.co.kr
페이스북   http://www.facebook.com/todaybooks
전자우편   ec114@hanmail.net

─────────────────────────────

ISBN 978-89-98192-97-6 03010

ⓒ 배경희

NEW북즐시리즈 02

지속 가능한 출판을 위한

출판편집의 시작

배경희 지음

투데이북스
TodayBooks

머리말

지금 이 순간에도 서점에는 다양한 분야의 무수히 많은 책들이 출간되고 있다. 그중에는 독자의 사랑을 받아 베스트셀러가 되는 책도 있고, 어떤 책은 소수의 독자들에게만 읽히는 책도 있을 것이다. 선택과 상관없이 그 모든 책들은 의미가 있다고 생각된다.

우연한 기회에 저자가 되어 출판계에 입문하고 출판편집자가 되었다. 대단한 능력이나 실력이 있었다기보다는 기회가 주어졌다고 말하는 편이 맞을 것이다. 생각했던 기획이 구체화되고 책으로 만들어져 독자들에게 선택받는 경험이 좋았다.

그러나 그 과정이 녹록하지만은 않았다. 기획하다 엎어진 책도, 집필을 마무리 못해서 계약이 파기된 책도, 편집 과정에서도 무수히 많은 수난을 겪는 책도 있었다. 그러나 한 권의 책이 나왔을 때 짜릿함은 출판인이 아니었다면 느껴볼 수 없었을 것이다.

이 책은『출판편집 실무노트(2012년)』(북즐시리즈)의 재구성한 편집 도서이다. 출판편집자로서 출판 현장에서 몸으로 직접 부딪히며 체득한 경험을 정리하였다. 한 권의 책이 만들어지기까지 무수히 많은 과정과 소통, 변수 등을 제시하였기에 출판계에 새로 입문하는 출판편집자들이 이 책을 통해 실수를 조금이라도 줄일 수 있기를 바라는 마음이다.

이 책이 나오기까지 끝까지 애정을 갖고 지켜봐 주신 이시우 대표님께 감사드린다.

2021년 3월
저자 배경희

목차

출판편집자로서의 준비

출판편집자는 공연이 시작되어 무대 뒤에서 모든 상황을 지켜보는 연출가다. 연극이나 뮤지컬을 본 적이 있는가? 조명과 음악이 흐르는 무대에서 배우들이 연기하면 관객은 어느새 무대 위의 주인공이 된다.

출판편집자는
무대 연출가다

출판편집자는 공연이 시작되어 무대 뒤에서 모든 상황을 지켜보는 연출가다.

연극이나 뮤지컬을 본 적이 있는가? 조명과 음악이 흐르는 무대에서 배우들이 연기하면 관객은 어느새 무대 위의 주인공이 된다.

연기가 모두 끝나고 커튼이 드리워지면 공연에 몰입했던 관객들은 손뼉을 치며 공연의 여운을 즐긴다. 관객들은 줄거리, 배우, 음악, 무대 등을 하나의 이미지로 무대를 기억할 것이다. 무대 연출가는 관객들이 하나의 이미지로 기억하는 무대를 조화롭게 완성하는 사람이다. 무대 세팅과 음악 및 조명 등을 기획하고 구성하는 사람은 무대 연출가이지만 관객은 그보다 주인공들과 연기자, 그리고 무대만을 기억한다.

이와 마찬가지로 출판편집자 역시 독자들에게 기억되는 존재는 아니다. 오히려 낯선 존재이다. 하지만 그들은 원고가 하나의 책으로 완성되어 독자들의 손에까지 전달되는 전반적인 출판 과정에 모두 관여하는 사람이다. 기획 과정에서 집필자가 콘셉트에 맞게 끝까지 양질의 원고를 집필할 수 있도록 조언하고, 편집 과정에서 교정, 교열, 조판, 감수 등의 과정을 총지휘하며 책의 형태를 완성하는 장본인이다. 그뿐만 아니라 독자들의 선택을 도와주기 위해 책을 소개하는 보도 자료를 작성하고, 마케팅 계획을 수립하는 등, 출판 전반의 과정에 관여한다. 책은 출판편집자 자신이고, 출판편집자는 책을 통해 자신을 표현한다.

우스갯소리지만, 지금껏 출판편집자로 살아오면서 "이렇게 다양한 분야의 책을 만들었으니, 정말 똑똑하겠네요."라는 말을 종종 듣는다. 그러면 필자는 이렇게 말하곤 한다. "한 권의 책을 진행할 때는 그 분야의 지식을 알기 위해 노력하지요. 하지만 책이 완성되고 나면 거짓말처럼 머릿속이 하얗게 변해요. 이상하죠?" 이는 필자뿐만 아니라 대부분의 출판편집자들이 겪는 현상일 것이다. 출판편집자가 한 종의 책을 만들 때는 해당 분야의 전문가가 되기 위해 최선을 다해야 한다. 그래야만 자신이 진행하는 책이 방향을 잃지 않고 콘셉트에 맞게 집필되는지를 판단할 수 있고, 부족한 내용에 대해 집필자와 논쟁을 할 수도 있다. 그뿐만 아니라 책의 마케팅에 도움이 되는 추천사를 누구에게 받을 것인지 판단할 수 있을 뿐만 아니라 독자의 욕구도 파악할 수 있기 때문이다. 하지만 출판편집자는 그 책이 출간되는 순간 머릿속을 비워야 한다. 그래야만 새로운 분야의 책을 시작할 수 있기 때문이다.

출판의 사전적 의미는 '콘텐츠를 생산하고 책이나 그림 따위의 저작물을 인쇄하여 세상에 내놓는 행위'이다. 이 말에는 콘텐츠를 생산하는 기획 단계, 인쇄하여 세상에 내놓는 편집 단계와 제작 단계, 그리고 마케팅 단계가 포함되어 있다. 출판 편집자는 기획 단계, 편집 단계, 제작 단계, 그리고 마케팅 단계 모두를 아울러 총괄하고 연출하는 능력이 필요하다. 만약 어느 한 단계라도 소홀히 한다면 엉성한 무대에 어수룩한 연기로 관객들에게 외면당하는 무대를 연출하게 될 것이다. 필자가 생각하는 훌륭한 출판편집자란 자신이 진행하는 도서의 콘셉트와 타깃 독자층을 항상 염두에 두면서 출판의 기획 단계, 편집 단계, 제작 단계, 마케팅 단계에 있어서 자신의 역할을 충실히 하는 사람이다. 그러기 위해서는 출판 프로세스를 모두 이해하고, 함께 작업하는 사람들과 파트너십을 형성하여 효율적으로 업무를 진행시킬 수 있는 능력을 겸비해야 한다. 그렇다고 해서 모든 분야의 전문가가 되라는 말은 아니다. 출판 프로세스를 이해하고 함께 작업하는 이들의 업무를 효율적으로 조정할 줄 알아야 한다는 의미이다.

즉, 출판편집자는 원고를 편집하고, 교정하는 일도 중요하지만, 그보다 더 필요한 능력은 출판 네트워크와 프로세스를 잘 활용하는 것이다.

집필자와 독자들 사이에 존재하는 출판편집자는 사실 육체노동자다.

마감 시기가 되면 시간에 쫓기어밤을 새우는 일은 다반사다. 어쩌면 앞에서 언급한 출판편집자의 필수 능력 가운데 가장 필요한 것은 체력일지 모른다.

필자의 경험상 출판 현장에서 버티기 위해 체력은 필수이다.

책의 판권에 기획자나 편집 진행자, 교정자 등을 표기하기 시작한 것은 불과 얼마 되지 않았다. 과거 편집 과정에 참여하는 출판편집자는 실무자로서 보이지 않는 곳에서 묵묵히 일했을 뿐이다. 하지만 최근 들어 판권에 책 제작에 관여한 실무자들을 표기하기 시작했을 뿐만 아니라 심지어 기획 저작물의 경우에는 집필자 이름과 함께 책의 기획자 이름을 표지에 넣기도 한다. 그만큼 출판편집자의 지위가 향상되었다고 볼 수 있다. 음지에 머물던 출판편집자가 비로소 양지로 나오게 된 것이다.

이제 자신의 이름이 인쇄된 책에 스스로 부끄럽지 않은 출판편집자가 되어야 한다.

출판편집자는
자기만의 마인드가 필요하다

출판편집자에게 필요한 마인드가 무엇인지를 알기 위해서는 출판편집자란 무엇이고, 어떤 일을 수행하는지에 대해 먼저 알아야 할 필요가 있다. 출판편집자란 독자의 요구에 맞는 내용의 출판물을 기획하거나 제작하는 업무를 수행하는 사람을 말한다.

출판편집자는 독자가 선호하는 주제를 발굴하기 위해 필요한 조사 또는 연구를 수행하고, 시장 조사를 바탕으로 작가를 선정하며, 원고 분량 및 내용의 흐름을 조절하고, 기획안을 작성하며, 기획 회의를 통해 책의 제목 및 주제를 설정하고, 언론사 등을 통해 홍보를 하는 등의 업무를 담당한다. 따라서 이와 같은 업무를 적절하게 수행하기 위해서는 출판 업무 전반을 아우르는 폭넓은 시각을 갖고 있어야 한다.

출판편집자는 하루아침에 될 수 있는 것이 아니다. 적어도 교열과 교정, 제작에 이르기까지 책이 만들어지는 모든 공정을 수년간 경험한 후에야 진정한 출판편집자가 될 수 있다. 출판편집자는 꿈만 가지고 있다고 해서 되는 것이 아니고, 아이디어가 좋다고 해서 될 수 있는 것은 더더욱 아니다.

❶ 좋은 출판편집자가 되기 위해서는 마음이 열려 있어야 한다.

자기중심적이거나 폐쇄적인 성격의 소유자는 출판편집자가 될 자격이 없다. 여기서 마음이 열려 있어야 한다는 것은 세상과 소통할 준비가 되어 있어야 한다는 의미다. 우리 주변에는 출판의 소재가 될 만한 것이 무수히 많다. 다만 이를 발견하지 못할 뿐이다. 세상과 소통하게 되면 출판 소재를 발견하게 될 확률이 상대적으로 높아진다.

❷ 출판편집자는 세상을 읽는 안목과 독특한 시각을 갖추어야 한다.

이러한 능력을 갖추려면 충분한 독서를 통해 교양을 쌓는 일이 필수다.

❸ 정보는 물론이고 출판 시장의 수요를 정확하게 판단해야 한다.

출판편집자는 출판 시장에 관한 정보는 물론이고 출판 시장의 수요를 정확하게 판단할 수 있는 능력을 갖추고 있어야 한다. 아무리 좋은 소재라도 시장성이 없다면 과감히 포기해야 하기 때문이다.

출판편집자는 이 능력을 바탕으로 새로운 것을 발견해내거나 기존의 것을 전혀 다른 시각에서 재구성하는 창조자의 마인드를 가지고 업무에 임해야 한다. 대중에게 인기 있는 소재만을 선호하거나 매출 기여도가 높은 아이템만을 좇다 보면 점차 입지가 좁아지고, 더 나아가 출판편집자로서의 발전을 기대할 수 없게 될 것이다. 같은 시대, 같은 공간에 살고 있는 사람들의 생각만을 읽다 보면 비슷한 콘셉트의 기획물들만을 산출하게 될 것이고, 이는 출판기획자로서의 발전 가능성을 의심받게 되는 결과를 초래하게 될 것이다.

이왕 출판편집자의 길로 들어섰다면 자신의 가능성을 믿고, 실력을 연마하며, 기획 감각을 익히기 위해 노력해야 한다. 출판편집자가 세상에 없는 소재를 찾아 세상에 선을 보이고, 이를 통해 사람들의 공감을 얻으려면 좀 더 시의적절하고 가능성 있는 콘텐츠를 발굴하고, 항상 새로운 인간관계에 대해 연구하며, 주변인의 위치에서 벗어나 세상의 중심에 서서 넓은 곳을 조망해야 한다.

세상 모든 일에
호기심을 가져라

출판편집은 호기심에서 시작된다.

세상은 누구에게나 똑같지만, 누군가에게는 다르다. 즉, 세상을 바라보는 눈에 따라 보이는 것도 달라진다는 말이다. 어떤 사람은 매일매일 똑같은 일상이 지겹고, 어떤 사람은 하루하루 새로운 세상이 즐겁다. 일상을 새롭게 바라보는 사람들에게는 시시각각 변하는 날씨가 새롭고, 일상에서 만나는 사람들이 반갑고, 공부나 업무에서 성취감을 느끼고, 휴식을 통해 마음의 여유를 갖는다. 반면, 일상이 지겨운 사람들에게는 모든 것이 똑같고 지루한 반복일 뿐이다.

출판편집의 밑천은 '정보'와 '아이디어'다. 출판편집자는 업무 시간뿐만 아니라 일상생활에서 아이디어를 찾는다. 책상에 앉아서 새로운 아이템을 고민할 때보다 지하철을 타고 가다가 무심코 바라본 광고 문구에서, 집에서 텔레비전을 시청하다가, 오랜만에 만난 친구와 대화를 나누다가, 책을 읽다가 문득문득 떠오르는 경우가 더 많기 때문이다. 예를 들어 지하철에서 스마트폰을 사용하는 것을 보면서 '스마트폰 활용서'를, 팀장으로 승진한 친구와 대화하다가 '팀장 리더십 책'을, 초등학교에 입학하는 조카를 보면서 '자녀 교육서'를 기획하는 것처럼 말이다.

물론 출판편집에는 기획 감각이 필요하다. 그러나 감각이 없다고 걱정할 필요는 없다. 기획 감각은 다양한 경험과 아이디어, 정보를 통해 얼마든지 습득할 수 있다. 그렇다면 다양한 경험과 아이디어, 정보를 습득하기 위해서는 어떻게 해야 할까? 그것은 바로 세상 모든 일에 호기심을 가지는 것이다. '왜?'라는 질문 하나면 충분하다.

무심코 지나칠 수 있는 일들에 '왜?'라는 질문을 던지면 생각의 문이 열리고, 아이디어가 떠오를 것이다.

아이디어 착상하기

현대카드 Zero의 광고를 보았다.

'세상에 없는 것만 만들다 보니 정반대로 하고 싶어졌다.'

발상의 전환에 감탄이 절로 나왔다. 다른 카드 회사에서 다른 카드와 차별화된 특별한 혜택이 없을지 고심하고 있을 때, 현대카드 Zero는 모든 것을 없앤 것이다. 하지만 그 광고를 들여다보면 모든 것을 없앴다기보다 모든 것을 담았다는 것을 강조하고 있음을 알 수 있다. 결국 신용카드의 고정관념을 뒤집고 발상의 전환에 성공한 것이다.

　아이디어는 상상에서 출발한다. 상상은 생각과 다르다. 생각은 경험에 의한 상식의 틀에 갇히기 때문에 새로운 그 무엇이 나오기 어렵다. 상상의 나라에서는 어떤 제약도, 어떤 구속도 없을 뿐만 아니라 돈도 들지 않는다. 창의력은 바로 '상상력'이다. 새로운 것을 만들고 싶다면 고정관념을 버리고 새로운 것에 도전해 보라.

　얼마 전 서점에 다녀왔다. 최근 트렌드를 반영하듯이 스마트폰과 태블릿 PC의 사용법을 다룬 활용 책들이 매대를 점령하고 있었다. 그때 나이가 지긋한 남자분이 매대 앞에서 머뭇거리며 『중년층, 아이패드2 신세대처럼 즐기기(프라이드 디자인)』를 구입하는 모습을 보았다. 그렇다. 이 책은 태블릿 PC는 이제 업무 필수품이 되었지만 스마트 기기에 익숙하지 않은 과장이나 부장급인 중년을 대상으로 기획한 책은 거의 없다는 점에 주목한 것이다. 이는 분명 기획자의 아이디어였을 것이다. 남들과 똑같이 생각하기보다 약간 비틀어보면 신간 아이디어는 무궁무진하게 나올 것이다. 무엇을 꼭 하기 위해 생각하고 고민하기보다 평소에 즐거운 상상을 하며 놀아보자. 상상을 하거나 이미지로 그리다 보면 아이디어의 샘은 흘러넘칠 것이다.

출판인에게 필요한 아이디어 착상 방법

❶ 주변을 눈여겨보라.

사소한 것이라도 주의를 기울여 관찰하는 습관을 몸에 익히는 것이 좋다.

누구나 어릴 적, 보물찾기를 해 보았을 것이다. 평소에 무심코 지나치던 나무 아래, 담장 밑을 유심히 들여다보면 보물이 숨어 있었다. 아이디어도 마찬가지다. 무심코 지나친 것들속에 기획 아이디어가 숨어 있다. 특히 출판 아이디어는 우리생활 속에서 찾는 경우가 다반사다.

❷ 사람을 만나라.

기획 아이디어를 구하는 데 있어서 사람만큼 좋은 것은 없다. 집필자든, 친구든, 동료든 간에 사람들이 모이는 곳에서 대화가 이루어지고, 대화 속에서 아이디어를 찾을 수 있다.

개인적인 경험상 주변에 사람이 많은 동료는 기획 아이디어
도 풍부했다.

❸ 여행을 떠나라.

아는 만큼 보인다고 하는데, 여행도 마찬가지다. 여행을 좀
더 의미 있게 즐기려면 남들이 준비해 놓은 패키지여행보다
스스로 준비하고 떠나는 배낭여행을 권한다. 여행의 주제를
정하고 사전 공부를 한 후 여행을 하다 보면 좀 더 많은 것을
경험하고 느낄 수 있기 때문이다.

❹ 취미 생활을 즐겨라.

남들보다 특별히 좋아하는 것이나 잘하는 것을 만들어라.
재미있게 놀다 보면 새로운 아이디어가 떠오르기 마련이다.

❺ 이미지로 그려라.

아이디어가 떠오르면 이미지로 그리는 습관을 만들어라.
텍스트로 정리하는 것보다 이미지로 그리는 것이 상상력을
키운다. 아이디어를 이미지로 그리다 보면 나무가 되고 가지
를 쳐서 새로운 아이디어가 샘솟는다.

04

책을 많이 읽고
서평을 남겨라

출판편집자는 글자를 장난감처럼 재미있게 가지고 놀아야 한다.

이는 글자를 가지고 밥을 먹고 사는 출판편집자의 숙명이기도 하다.

출판편집자는 제목뿐만 아니라 헤드 카피, 본문의 요약 글, 핵심 문구 등을 선정하는 것뿐만 아니라 책을 요약하고, 보도 자료를 작성하면서 독자의 마음을 움직일 수 있어야 한다.

그럼, 어떻게 해야 글자를 자유자재로 가지고 놀 수 있을까?

그것은 바로 읽고 쓰는 능력이 뒷받침되어야만 가능하다. 글 쓰는 능력은 독서와 밀접한 관계가 있다. 글 쓰는 능력이 떨어지는 사람은 문장 독해력도 부족하다. 반면 글 쓰는 능력이 뛰어난 사람은 문장 독해력도 뛰어나다. 글쓰기 능력은 어느 한순간에 생기는 것이 아니다. 앞에서 말했듯이 읽고 쓰는 과정을 통해 생기는 것이다. 즉, 독서를 통해 다양한 지식을 습득하고 생각하는 힘을 길러야 비로소 글쓰기가 가능해진다.

글을 잘 쓰고 싶다면 독서를 생활화하라. 하지만 독서만으로는 글쓰기를 잘할 수 없다. 독서 후에는 반드시 서평을 작성하는 습관을 만들자. 책을 많이 읽을수록 글을 잘 쓸 수 있고, 글을 잘 쓰는 사람일수록 독서를 할 때 이해의 깊이가 깊어진다.

바버라 베이그는 『하버드 글쓰기 강의』에서 '글쓰기는 재능이 아니라 학습으로 성취할 수 있는 능력'이라고 말한다. 사람들이 흔히 '작가는 타고나는 것'이라고 생각하는 것에 반론을 제기하며, 글쓰기 단계별 훈련 과정을 반복하고 방법을 익힌다면 누구나 쉽게 글을 쓸 수 있다고 이야기한다.

예비 출판편집자들이라면 먼저 책을 읽고 서평을 쓰는 것으로부터 글쓰기 연습을 시작할 것을 권하고 싶다. 인터넷 교보 문고를 비롯한 각종 인터넷 서점에 가입하면 블로그를 하나씩 준다. 일주일에 한 권이든, 한 달에 한 권이든 목표를 정해 놓고 꾸준히 독서를 한 후 자신의 블로그에 서평을 작성해 보자. 10줄 미만의 짧은 서평이 아닌 A4 한 장 이상의 깊이감 있는 서평을 작성해야 한다. 처음에는 시간도 오래 걸리고 쉽지 않을 것이다. 초보자에게 A4 한 장 이상의 글을 쓰는 일은 매우 어렵다. 하지만 반복해서 서평을 작성하다 보면 어느새 독서 평론가 못지않은 서평을 쓸 수 있게 될 것이다. 글쓰기도 마찬가지지만 서평을 쓸 때 너무 멋을 부리지 말아야한다. 글은 솔직 담백할 때 힘이 생긴다.

출판편집자가 독서를 많이 해야 하는 이유는 또 있다. 책을 통해 지식의 깊이가 생기고 그것이 출판편집자의 핵심 역량인 콘텐츠에 대한 안목과 선별 능력을 만들어주기 때문이다. 다독(多讀)을 통해 세상을 보는 관점을 세우고 시장의 흐름을 읽을 수 있어야만 출판 시장에 필요한 콘텐츠를 선별할수 있다. 매일매일 엄청난 수의 책들이 쏟아지는 출판 시장에서 의미 있는 한 권의 책을 만들어 내는 출판편집자로 자리매김하기 위한 기초는 누가 뭐라고 해도 '독서'다.

스토리텔링 능력을
키워라

   스토리텔링이란 스토리(story)와 텔링(telling)의 합성어로, 상대방에게 알리고자 하는 바를 재미있고 생생한 이야기로 설득력 있게 전달하는 것을 말한다. 다시 말해서 특정한 대상, 즉 사람이나 사물, 사건에 얽힌 이야기를 가공하거나 새로 만들어 '평범함'을 '비범함'으로 바꾸는 기법을 말한다. 예술에서 시작된 스토리텔링은 오늘날에 이르러 교육과 마케팅, 컴퓨터 게임 등과 같은 분야에 널리 파급되고 있다.

   출판도 예외가 아니다. 스토리텔링은 사람들에게 책을 읽으면 무엇인가를 얻을 수 있을 것 같은 기대감, 평소 가지고 있던 궁금증을 해결해 줄 것 같은 설렘, 책을 읽고 있으면 남들보다 시대를 앞서간다거나 유식해 보일 수 있을 것이라는 생각 등과 같은 정서를 심어 준다. 단지 상품(책)에 대한 설명이나 이미지를 부각한다고 해서 책이 대중에게 각인되는 것은 아니다. 우리가 명품이라고 생각하고 있는 상품들에는 많은 돈을 지불하고서라도 얻고 싶은 '이야기'와 '판타지'가 있다. 소비자들은 상품을 구입할 때 '특별한 의미'가 담겨 있는 상품에 더 집중하기 때문이다.

내가 만든 책이 대중에게 인식되는 데는 많은 노력이 필요하지만 스토리텔링만큼 영향력을 가진 것은 없다고 해도 지나치지 않다. 그만큼 스토리텔링 능력은 기획자가 가져야 하는 덕목 중의 하나라고 할 수 있다.

스토리텔링은 마케팅 단계에서가 아니라 책을 기획하고, 아이템을 선정하고, 집필자를 선정하고, 원고 내용을 검토하는 등의 모든 과정에 녹아 있어야 한다. 다시 말해서 스토리텔링은 책의 기획 단계에서부터 시작되어야 한다.

그렇다면 스토리텔링 능력은 어떻게 길러야 할까? 다른 분야도 마찬가지겠지만 특히 스토리텔링에서는 벤치마킹이 중요하다. 베스트셀러를 분석할 때 그 책에 어떠한 이야기가 담겨 있는지에 주목해야 한다. 그 이야기를 찾아 데이터베이스화하고, 이를 자신이 기획하고 있는 책에 접목시킬 수 있어야 한다. 평소 마케팅의 이면에 감추어진 고도의 스토리텔링 전략을 연구하고, 새로운 '이야깃거리'를 찾는 일에 꾸준한 관심을 가져야 한다.

스토리텔러로서의 능력을 키우는 데는 독자들의 마음을 읽는 것도 중요하다. 독자들은 책을 사는 것이 아니라 '책에 담긴 이미지'를 사는 것이라 생각하고 독자가 원하는 이야기를 찾아야 한다. 따라서 독자들이 책에 담긴 이야기, 스토리텔링이 만들어 낸 이미지를 보고 책을 구매할 수 있도록 책에 매력적인 요소를 담아야 한다.

스토리텔링은 생각보다 커다란 파급 효과를 지니고 있다. 스토리텔링에 의해 재창조된 이미지는 사람들의 마음을 움직이고, 실제 구매로까지 이어지게 한다. 경우에 따라서는 책에 기나긴 생명력을 부여하기도 한다. 자신이 출판편집자라면 스토리텔링의 중요성과 영향력에 주목하고 긴 호흡으로 스토리텔러로서의 자질과 능력을 갖추는 데 최선을 다하도록 하자.

아이디어가 떠오르면
기획서를 작성하라

구슬이 서 말이라도 꿰어야 보배다.

제아무리 좋은 아이디어가 넘치더라도 기획서로 정리하지 않으면 무용지물이다. 막연한 아이디어만으로는 어떠한 결과도 만들 수 없기 때문이다. 필자의 경우만 보더라도 막연하게 '이 아이템은 책으로 출간하면 성공하겠는데.'라고 생각했던 것들이 몇 달이 흐른 뒤 다른 출판사에서 책으로 제작되어 나온 적이 한두 번이 아니다.

좋은 아이디어가 떠올라 나의 것으로 만들고 싶다면 반드시 기획서를 작성하는 습관을 가져라. 문서는 신비한 힘을 가지고 있다. 그것은 바로 논리력이다. 회의할 때를 생각해 보자. 말로 아이디어를 피력할 때보다 간단한 서류라도 준비하여 의견을 발표할 때 상대방은 논리적으로 받아들인다. 그뿐만 아니라 기획서를 작성하는 과정에서 추상적이던 자신의 생각이 체계적으로 정리되고 살이 붙게 된다.

출판편집자라면 아이디어와 정보를 기획서로 작성할 줄 아는 능력이 필요하다. 기획서를 작성할 때 가장 중요한 것은 아이디어와 정보를 활용하여 '콘셉트'를 정하는 것이다.

콘셉트는 하나의 나침반이다. 집필자에게, 출판편집자에게, 디자이너에게, 마케터에게 책을 완성하는 데에 있어 각자의 역량을 발휘할 수 있도록 방향을 제시하고 일관된 지침을 제시한다. 기획자에게 필요한 능력이 콘셉트를 바로 '기획서'에 담아내는 것이다. 콘셉트는 단순히 좋은 아이디어를 포장하는 것이 아니라 출판 시장을 고려하여 책의 존재 이유를 설명해 주는 것이어야 한다.

기획서는 하나의 설계도다. 수많은 출판 기획서를 살펴보면 '좋은 책을 만들어 많이 팔겠다'는 의도를 담아 미사여구만 나열해 놓은 것들이 많다. 어떤 좋은 책을, 어떻게 많이 팔 수 있을 것인지에 대한 구체적인 내용은 없다. 기획서는 명확하고 구체적이어야 한다. 누가 보더라도 쉽게 이해할 수 있어야 하며, 구체적인 실행방안까지 제시하면 더욱 좋다. 물론 쉽지 않다. 책이 스테디셀러가 될지, 초판으로 그 운명을 다하게 될 것인지는 아무도 모른다. 책이 제작되고 서점에 배포된 이후에나 알 수 있는 독자들의 반응을 예측하고 기획한다는 것이 말처럼 쉽다면 무엇이 고민이겠는가? 하지만 구체적으로 책의 내용을 예측하고 독자들의 욕구를 파악하여 책을 만들게 되면 스테디셀러에 근접하는 책을 만들 수 있을 것이다.

경험상 처음 기획안을 작성했던 출판편집자가 부득이한 사정이 생겨 다른 출판편집자에게 기획안을 넘겼을 때 열에 아홉은 콘셉트가 바뀌거나 중도에 사장되는 경우를 자주 보았다. 이는 기획안만으로는 책의 콘셉트를 명확히 알 수 없기 때문이다. 설계도처럼 구체적이고 명확한 기획안이라면 진행하는 출판편집자가 바뀌더라도 책의 방향까지 바뀌는 일은 없을 것이다.

냉정한 사고와 균형 감각

앞에서 언급했듯이 아이디어는 우리 생활 곳곳에서 찾을 수 있다. 신문에서, 텔레비전에서, 책에서, 지인들과의 대화에서 언제라도 떠오를 수 있다. 여기에는 중요한 출판편집자만의 감각이 필요한데, 그것은 바로 '냉정한 사고와 균형 감각'이다. 좋은 아이디어는 넘치지만 책으로 만들 가치가 있는 것인지, 출판 시장에 알맞은 것인지, 독자들에게 감동을 줄 만한 것인지 등을 판단하는 능력이다. 예전에 '핸드폰 사용 매뉴얼'을 책으로 기획한 적이 있었다. 핸드폰의 기능은 다양해지는데 반해 사용자의 활용 능력은 떨어지는 데 아이디어를 얻어 기획하였다. 하지만 결과는 대실패! 그 이유는 너무나 다양한 핸드폰을 가지고 각 기능을 설명하다 보니, 타깃이 불명확해지고 책을 사서 볼 만큼 핸드폰의 기능을 알고 싶어 하는 독자의 욕구가 없었기 때문이었다. 이는 출판편집자로서 독자의 욕구를 파악하지 못하고 출판 시장에 적합하지 못한 매뉴얼 서적을 기획하게 됨으로써 참담한 결과를 맛보게 된 사례이다. 출판편집에서는 아이디어가 출판 시장에 적합한지, 독자의 욕구가 풍부한지를 파악할 수 있는 균형 감각이 반드시 필요하다.

자료 조사

일단 아이디어를 기획안으로 작성하기로 결정했다면 자료를 조사해야 한다. 출판편집자라면 자신만의 수첩이나 다이어리를 가지고 있을 것이다. 최근에는 스마트 기기에 직접 메모하는 때도 많지만, 아직 손으로 직접 적는 수첩이나 다이어리를 선호하는 출판편집자들이 많다. 아이디어가 떠올랐다면 주저하지 말고 수첩을 꺼내 메모를 하고, 관련 정보들은 나뭇가지 형태로 낙서를 해나가다 보면 기획의 큰 줄기가 보이게 된다. 빼곡히 적어놓은 아이디어와 정보를 바탕으로 구체적인 기획안이 완성되는 것이다.

1Page 기획안

처음부터 기획안에 구체적인 내용을 담으려고 노력하지 않아도 된다. 일단 골격을 세우는 것부터 시작하자. 필자는 기획 아이템이 생각나면 먼저 1Page 기획안을 작성한다. 책의 내용을 부풀려 과장하는 것은 좋지 않다. 현실에 근거하여 실현 가능한 계획을 담는 것이 중요하다. 1Page 기획안은 책의 콘셉트, 예상되는 집필자, 타깃 독자, 페이지, 목차 및 구성, 판형, 가격 등 책의 얼개를 그려 놓는 것으로 충분하다. 처음부터 세부적인 내용으로 들어가다 보면 기획안이 짐처럼 어깨를 짓누르게 된다. 부담이 크면 기획안을 작성하는 것이 점점 더 힘들게 된다는 말이다. 출판사마다 사용하는 기획안의 형식도 다르고, 강조하는 점도 다르지만, 기획안에 담아야 할 기본 내용은 같다.

기획자, 작성일, 가제, 예상 독자(Main, Sub), 콘셉트, 예상 목차, 예상 필자, 예상 쪽수, 판형, 가격, 집필 포인트, 출간 일정

출판편집자에 대한
환상을 버려라

당신은 왜 출판편집자가 되려고 하는가?

마음의 양식인 책이 정말 좋아서, 글 쓰는 것이 정말 좋아서, 집필자가 되기 전에 책을 먼저 만들어 보고 싶어서 등 이유는 다양할 것이다. 출판편집 분야에 입문하는 사람들과 이야기를 나누다 보면 많은 이들이 '출판편집자'에 대한 환상을 품고 있다는 것을 알 수 있다.

아니 어쩌면 '출판'에 대한 환상일지 모른다.

드라마를 통해서 접하는 편집장이나 출판편집자들은 도도하고 고상하다. 커피를 마시며 책에 대해 논쟁하고, 출판사 사무실 내부는 여유롭다. 하지만 필자가 겪었던 출판편집자의 일상은 여유로움과는 거리가 멀다. 업무의 절반은 집필자를 비롯한 작업자들과 회의를 하고, 전화 통화를 하고, 이메일을 주고받으면서 편집 과정을 체크한다. 그리고 나머지 절반은 원고를 읽고 편집을 하는데, 이 역시 여유와는 거리가 멀다. 출판편집자라면 책을 많이 읽는 것이 의무이지만, 이런 생활을 반복하다 보면 오히려 책 읽기는 소홀해지기 일쑤이다. 편집 원고를 보다가 보면 눈이 피로해져서 업무와 상관없는 책을 읽기가 쉽지 않기 때문이다. 출판편집자가 책을 많이 접하는 것은 사실이지만, 좋아하는 책을 많이 읽을 수 있을 것이라는 기대는 하지 않는 것이 좋다.

또 글쓰기가 정말 좋아 출판편집자고 되고 싶어 하는 이들도 많다. 물론 출판편집자는 구성 요소 및 보도 자료 등을 작성하는 과정에서 글맛 나는 글을 쓸 때도 있다. 하지만 출판편집자의 본분은 글쓰기가 아니라, 집필자가 글을 잘 쓸 수 있도록 조언하고 도와주는 것이다. 간혹 출판편집자가 집필자의 글을 자신의 입맛에 맞게 수정하는 경우가 있는데, 이는 매우 위험하다. 본인의 글쓰기 솜씨를 뽐내고 싶다면 출판편집자가 아닌 집필자가 되는 것이 옳다. 물론 필자가 많이 진행했던 컴퓨터 활용서의 경우, 원고를 활용서 형식에 맞게 출판편집자들이 재구성하는 경우가 많이 있지만, 이 역시 집필자와 충분히 합의를 거쳐 수정하는 것이기 때문에 출판편집자의 글솜씨를 뽐내기에는 한계가 있다.

새내기 출판편집자들이 출판사에 입사한 후 1년을 버티지 못하고 다른 길을 찾는 것을 종종 보게 되는데, 그들이 떠날 때 이야기하는 많은 부분이 자신이 생각했던 출판사와 현실이 너무 다르다는 것이다.

이는 '마음의 양식인 책'에 대한 환상으로 출판편집자에 입문했기 때문이다. 물론 출판편집자는 자신이 만드는 책에 대해 사명감과 긍지를 가져야 한다. 세상에 꼭 필요한 책을 만들겠다는 사명감 말이다. 하지만 사명감과 긍지만으로 책을 만들 수 있는 것은 아니다. 출판편집자에게 책임감, 사명감, 긍지와 더불어 필요한 것이 있다. 그것은 바로 책이 만들어지는 편집 기술 공정을 모두 이해하고, 각 공정을 책임지고 끝까지 완수할 수 있는 끈기와 지구력이다.

독자들의 손에 전달되어 그들의 삶을 풍요롭고 지혜롭게 만들어줄 '아름다운 책'이지만, 그 책을 만드는 과정은 아름답기만 한 것이 아니다. 출판편집자의 땀과 노력이 있어야만 비로소 독자들이 편안하고 쉽게 읽을 수 있는 책이 완성된다는 것을 한시도 잊어서는 안 된다.

출판편집, 그리고 소통

편집 과정에서 출판편집자가 살펴야 하는 것들은 무수히 많다. 내용에 문제가 없는지, 이미지는 제대로 들어갔는지, 최신의 정보인지 등 하나씩 헤아리기 힘들 정도로 많다. 하지만 편집 과정에서 출판편집자가 주의해서 체크하고 넘어가야 하는 사항들을 정리해 보면 완벽한 편집에 한 발짝 다가갈 수 있을 것이다

항상 의심하고
꼼꼼하게 체크하라

어느 날 독자에게 문의 전화가 왔다.

"○○○ 도서를 구입하고 보고 있는 독자인데요, ○○페이지의 내용이 화면과 맞지 않는데, 뭐가 문제죠?"

필자는 다급히 해당 도서를 찾아 살펴보았다. 아뿔싸! 편집의 실수로 인해 하나의 이미지에 대한 설명이 두 번 반복해서 들어간 것이다.

"죄송합니다. 독자님. 출판사의 실수로 편집에 오류가 있었네요. 개정판을 진행할 때 오류를 수정하겠습니다. 다음부터 이런 실수가 없도록 노력하겠습니다."

독자는 이해하면서도 오류를 확인한 책을 더 보고 싶지 않다고 했다. 출판편집자의 작은 실수가 결국 독자에게 책에 대한 불신을 심어주게 된 것이다. 어디에서 잘못된 것일까? 1교,

2교, 3교에 이어 OK 교정지까지 교정자와 출판편집자가 함께 꼼꼼히 살펴보았는데, 그 당시에는 눈에 띄지 않고 넘어갔던 것이다. 이렇듯 편집이란 사람이 하는 일이라 실수가 있을 수 있다. 하지만 출판편집자의 꼼꼼함이 이런 실수를 줄여 책의 완성도를 높일 수 있음을 명심해야 한다.

편집 과정에서 출판편집자가 살펴야 하는 것들은 무수히 많다. 내용에 문제가 없는지, 이미지는 제대로 들어갔는지, 최신의 정보인지 등 하나씩 헤아리기 힘들 정도로 많다. 하지만 편집 과정에서 출판편집자가 주의해서 체크하고 넘어가야 하는 사항들을 정리해 보면 완벽한 편집에 한 발짝 다가갈 수 있을 것이다. 다음은 필자의 경험상 교정지(본문만)를 점검할 때 확인해야 할 내용을 정리한 것이다. 편집 과정을 담당하고 있는 초보 출판편집자라면 다음의 사항들을 체크리스트로 만들어 체크해 보기 바란다.

페이지 번호와 면주(하시라)

일반적으로 면주의 좌수에는 도서명, 우수에는 장 제목을 넣고 페이지 번호를 매긴다. 쿼크익스프레스나 인디자인을 이용하여 편집할 때 면주는 일괄적으로 반영하여 자동으로 매겨지지만, 프로그램의 오류나 별도의 페이지 작업을 할 때 간혹 면주나 페이지 번호가 매겨지지 않은 페이지가 나타나기도 한다. 그뿐만 아니라 소제목을 1교나 2교에 변경하여 반영할 때 본문에서는 소제목을 수정했지만, 면주에 미처 반영하지 못한 경우가 있는데 이 역시 출판편집자가 체크해야 하는 부분이다.

단계에 맞는 편집과 원고 대조

원고의 구성 단계는 원고 재구성이나 파일 교정 단계에서 마무리하는 것이 원칙이다. 하지만 편집을 하기 전의 원고에서 잘 보이지 않는 부분이 있기 때문에 편집 과정에서 장, 절, 서브 단계가 제대로 구성되어 있으며, 파일 원고가 올바로 편집되었는지 확인하는 것 역시 출판편집자의 역할이다. 특히 초교 교정지 단계에서는 레이아웃 디자인에서 확인하였던 장, 절, 서브 스타일이 원고에 맞게 편집되었는지 체크할 필요가 있다. 그뿐만 아니라 누락된 원고는 없는지 교정지와 원고를 대조하는 작업도 중요한 편집 과정이다.

이미지 파일

단행본에 들어가는 이미지 파일은 300dpi 해상도를 유지해야 하며, CMYK 컬러로 변환해야만 이미지가 선명하고 원하는 색상으로 인쇄할 수 있다. 컴퓨터 도서와 같이 모니터에 보이는 화면을 캡처해서 삽입하는 경우라면 디자이너와

상의하여 인쇄할 때 문제가 없는지 확인해야 한다. 예전에 초보 출판편집자가 컴퓨터 도서의 샘플 이미지를 변환하는 과정에서 해상도를 72dpi로 낮춰서 디자이너에게 전달한 적이 있었다. 이때 디자이너가 해상도에 문제가 있다는 것을 발견하고 출간 전에 오류를 수정하여 재편집하였다. 만약 디자이너조차 문제 제기를 하지 않은 채 편집되어 출간되었다면 그 책의 운명은 서점 책장에 꽂혀 보지도 못하고 생명을 다했을 수도 있다.

이미지를 삽입하는 도서의 편집 과정에서는 텍스트만으로 구성된 도서보다 출판편집자가 확인해야 할 것들이 많다. 이미지의 저작권을 확인하는 것도 출판편집자의 역할이다. 가장 먼저 집필자에게 이미지 파일의 출처를 확인하고, 저작권이 있는 파일이라면 절차에 따라 저작권 문제를 해결해야 한다. 또 이미지와 본문 사이의 간격이 적당한지 확인해야 한다. 간혹 본문이 넘치는 경우 이미지와 본문이 겹쳐서 편집되는 경우도 있다. 이미지 파일의 캡션이 해당 이미지에 맞게 들어갔는지, 이미지 파일이 본문의 내용과 맞게 편집되었는지 확인한다. 특히 컴퓨터 도서와 같이 이미지 파일을 삽입한 후 그 위쪽에 클릭 표시나 강조 표시를 할 경우 밀리지 않았는지, 클릭 번호가 순서대로 올바른 위치에 표시되었는지 확인하는 것 역시 잊으면 안 된다.

편집 디자인에 따라 장이나 절 제목 앞에 이미지 아이콘을 종종 사용할 때, 흰색 배경을 클리핑 패스로 따서 작업하기도 한다. 이때 클리핑 패스가 적용되지 않아 색상이 들어간 배경과 아이콘이 겹도는 때도 있기 때문에 클리핑 패스의 적용 여부도 꼼꼼히 체크해야 한다.

내용의 오류 및 개인 정보 유출

출판편집자는 원고의 내용을 꼼꼼하게 확인해야 한다. 원고에 삽입된 정보가 잘못된 것은 아닌지, 최신 내용인지 확인하는 것도 출판편집자의 몫이다. 가끔 컴퓨터 도서를 진행하다 보면 5년 전에 디자인된 웹 사이트의 화면과 주소가 원고에 그대로 남아 있는 것을 발견하곤 한다. 이는 책을 출간했던 경험이 있는 집필자들에게 주로 나타나는 현상이다. 과거에 집필했거나 수집했던 정보를 그대로 원고에 삽입한 채 원고를 넘기기 때문이다. 집필자가 확인하지 못한 오류라도 출판편집자는 꼼꼼하게 최신 정보를 확인하여 집필자에게 수정 요청을 해야 한다.

또 책에 들어가서는 안 되는 개인 정보나 프로그램 시리얼 번호 등은 삭제해야 한다. 가끔 집필자의 주민등록번호나 이메일 주소, 전화번호 등을 그대로 원고에 싣는 경우가 있는데, 이는 *** 등으로 표기하여 개인 정보의 유출을 막아야 한다. 몇 년 전 포토샵 입문서를 진행할 때, 집필자가 프로그램 설치 과정을 캡처하는 과정에서 시리얼 번호를 그대로 입력한 채 화면을 캡처하여 인쇄 직전에 수정한 사례도 있었다. 만약 시리얼 번호가 그대로 입력된 상태에서 책이 인쇄되었다면 프로그램의 제작사에게 상당한 금액의 손해 보상을 해야 할 수도 있는 아찔한 사건이었다.

디자인 균형감

초교 교정지를 받았을 때 주의해서 체크해야 할 사항이다. 본문 레이아웃 디자인과 비교하여 글꼴, 행간 등의 스타일이 제대로 반영되었는지, 글 박스의 글자가 넘치지는 않았는지, 좌수와 우수가 맞는지 확인해야 한다. 단행본의 경우, 본문이 넘쳐 1줄이나 2줄이 다음 페이지로 넘어간 경우 집필자와 의논하여 내용을 줄이도록 한다.

단, 소설이나 시 등과 같이 문장이나 단어 하나하나가 중요한 경우는 예외로 한다. 장별 구분을 할 때 장이 좌수 또는 우수로 끝나야 하는 경우가 있는데, 이 경우 각 장을 확인하여 레이아웃 디자인에 맞게 출판편집자가 본문을 늘리거나 줄여서 좌수, 우수를 맞춘다. 이때에도 꼭 집필자와 상의하여 내용의 흐름에 방해되지 않는 선에서 조정하도록 한다. 이 밖에 전체적인 균형과 여백이 적당한지도 확인한다.

편집 중인 교정지와
데이터를 정리하라

일 잘하는 사람이 책상 정리도 잘한다.

사람마다 조금씩 차이가 있지만, 일반적으로 그렇다. 출판 편집자도 마찬가지다. 1교, 2교, 3교를 진행하다 보면 교정지가 넘쳐나고, 집필자 교정본, 교정자 교정본, 베타테스터나 감수 교정본까지 합치면 그 분량은 책상을 뒤덮고도 남는다. 출판편집자의 스타일에 따라 교정지가 깔끔하게 정리되어 있는 책상이 있는가 하면, 산만한 책상도 있다. 개인적 습관이므로 뭐라고는 못하겠지만, 필자의 경험에 의하면 교정지나 데이터를 산만하게 관리하는 사람은 협업 능력이 떨어지는 경우가 많다. 3교를 보다가 베타테스터의 의견을 반영할 필요가 있어 베타테스터의 교정지를 찾을 때, 정리가 안 된 교정지 뭉치에서 찾는 데에 걸리는 시간은, 정리가 잘 된 교정지 뭉치에서 찾을 때보다 오래 걸리는 것은 당연하다. 그나마 베타테스터의 것, 1교지, 2교지 등이 정리되어 있으면 다행이다. 1교, 2교, 3교에서 OK 교정지까지는 책이 출간되고 한 달 이상 보관하는 것이 좋다. 오류가 발견되었을 때 어디에서 잘못된 것인지 확인하기 위해 필요하기 때문이다.

데이터도 마찬가지다. 집필자의 초고 원고에서 출판편집자의 수정본까지, 1교에서 3교까지 수정 데이터, 초기 기획안에서 수정 기획안까지 한 권의 책을 마칠 때까지 쌓이는 데이터의 양은 엄청나다. 필자는 개인적으로 자료를 잘 정리했을 때 머릿속의 생각도 잘 정리된다. 자료가 산만하면 머릿속도 복잡해져 업무 능력이 떨어진다. 데이터를 정리할 때 기본 원칙은 내가 아닌 남이 보아도 쉽게 이해할 수 있는 구조로 정리해야 한다. 그 이유는 내가 맡아서 작업하던 책이 다른 출판편집자에게 넘어갔을 때 그가 쉽게 이해하고 작업할 수 있도록 하기 위함이다. 개인적인 친분이 있는 필자에게 다음과 같은 이야기를 들었다. 담당 출판편집자가 퇴사한 지 1년이 지났는데, 그 이후로 책 진행이 안 된다는 것이었다. 이는 담당자가 바뀌었을 때 인수인계가 제대로 되지 않았기 때문이기도 하지만, 퇴사한 출판편집자의 데이터가 다른 출판편집자가 작업할 수 있도록 정리되지 않았기 때문이다.

필자는 데이터를 외장 하드에 저장한다. 편집 작업의 특성 상 이동이 자유로운 외장 하드가 편리하기 때문이다. 특히 컴퓨터 도서를 많이 진행하는 필자는 원고의 용량이 커서 넉넉한 용량의 외장 하드를 선호한다. 또 서류 양식, 집필자, 기획안, 공문, 회의, 이메일 등 직관적으로 알 수 있도록 폴더를 만든 후 날짜별, 주제별, 사람별로 정리한다. 데이터를 정리하는 데에 있어서 정답은 없지만, 원칙은 있다. 누가 보아도 쉽게 알 수 있고, 필요한 자료를 빠르게 찾을 수 있는 구조를 만들자.

진행 중인 원고 데이터는 도서 제목의 폴더를 만든 후 집필자 파일, 초고 원고, 재구성 원고, 기획안, 편집 수정 데이터를 체계적으로 정리하여 보관한다. 특히 집필자를 비롯한 작업자들과 소통한 내용은 이메일부터 회의, 전화 통화 내용까지 빠짐없이 기록하는 것이 좋다. 간혹 편집 작업이 1달~2달이 아닌 1년 이상 걸리는 경우가 있는데, 이런 경우 소통 내용을 꼼꼼히 기록한 데이터는 출판편집자에게 큰 도움이 된다.

모든 작업이 끝난 원고는 별도로 백업해야 한다. 출판사별로 DVD나 외장하드 등으로 백업하는 방식이 있겠지만, 필자는 개인적으로 보관하기 위해 원고 데이터를 백업하기도 한다. 출간된 도서의 원고 데이터를 백업할 때 책 출간에 사용했던 모든 내용을 담는다. 집필자 프로필, 기획안, 작업 일지, 원고 데이터, 수정 데이터, 편집 데이터까지 체계적으로 구분하여 담아 놓으면, 추후 유사 도서를 편집할 때 도움이 된다. 출판편집자의 내공이란 몸으로 체험하고 익힌 스킬도 있지만, 데이터의 축적도 한몫을 담당한다.

집필자와 끊임없이
소통하고 리드하라

좋은 책은 좋은 원고에서 시작된다.

좋은 책을 만들고 싶다면 출판편집자는 좋은 원고가 나올 수 있도록 집필자와 끊임없이 소통하고 리드해야 한다. 여기에서 '소통하고 리드한다'는 의미는 무엇일까?

좋은 원고란, 해당 분야의 전문 지식을 잘 담아 놓은 글만을 뜻하지 않는다. 명확한 콘셉트와 타깃에 맞춰 작성한 원고야말로 좋은 책을 만드는 토양이 된다. 집필자는 해당 분야의 전문 지식을 갖춘 사람이지만 책의 콘셉트와 타깃에 대해서 이해가 부족할 수 있기 때문에 원고의 시작에서 탈고, 편집, 제작 과정까지 출판편집자의 역할이 무엇보다 중요하다. 따라서 책의 기획에서 제작까지 주도권은 출판편집자가 쥐고 있어야 하며 질 좋은 원고를 위해서는 집필자와 끊임없이 소통해야 한다.

최근 원고 수급의 패턴을 살펴보면 집필자가 원고를 완성한 후 출판사를 찾는 경우보다 출판편집자가 출판 기획서를 작성한 후 적당한 집필자를 찾아 기획 원고를 집필하는 경우가 더 많다. 물론 집필 경험이 있는 검증된 집필자를 찾아 계약할 수 있다면 출판편집자는 한결 수월하겠지만, 집필 경험이 있는 집필자는 다른 출판사와 계약한 경우나 바쁜 일정에 집필할 수 없는 경우가 더 많다. 이럴 때 출판편집자는 집필 경험이 없지만 가능성 있는 집필자를 새로 발굴하여 집필 연습을 시켜 원고를 진행해야 한다. IT 분야에는 기존 집필자와 작업하는 경우보다 새로운 집필자와 작업하는 경우가 더 많기 때문에 필자의 경우, 원고를 시작하기 전 집필자에게 원고 집필 기준안을 제시하여 집필의 기본적인 틀을 공유한 후 본 원고를 진행한다. 예를 들어 컴퓨터 운영체제는 윈도 10으로, 이미지 캡처는 PNG 파일로 저장하고, 원고 작성은 아래 한글 2018 이상의 프로그램에서 작성하는 등 세부 항목을 집필자와 사전에 조율한다. 이러한 조율 과정 없이 원고를 진행하면 컴퓨터 2대를 넘나들면서 화면 캡처를 하여 어떤 화면은 윈도 7과 윈도 10이 뒤섞이거나 이미지 캡처를 인쇄할 수 없을 정도로 작은 크기로 화면을 준비하는 등 원고를 다시 집필해야 하는 상황이 벌어질지도 모른다. 그 뿐만 아니라 책의 콘셉트와 타깃에 대해서도 집필자와 충분히 의견을 나누어야 한다. 만약, 책은 초보자를 위한 입문서인데 집필자가 전문가를 위한 내용을 집필한다면 책이 산으로 갈 수 있기 때문이다.

출판편집자와 집필자의 관계에서 집필자는 원고 내용에는 전문가이지만, 책 제작에는 출판편집자가 전문가이기 때문에 콘셉트에 맞는 양질의 원고를 원한다면 집필자와 출판편집자는 끊임없이 소통하고 방향을 잡아줘야 함을 잊어서는 안 된다.

집필자를 섭외하고 샘플 원고까지 마쳤다면 출판 계약을 해야 한다. 이 시기는 집필자가 이미 집필에 동의한 상태이기 때문에 출판편집자가 쉽게 생각하는 경향이 있다. 하지만 문제는 계약 단계의 사소한 실수로 생기는 경우가 많다. 이 단계는 출판의 사회적 공헌이라는 목적 외에 비즈니스적 관계가 성립되는 단계이기 때문이다.

출판 계약 시 계약서는 출판사에서 제공하는 양식을 기준으로 작성하게 된다. 이때 출판편집자는 계약 내용을 충분히 인지한 상태에서 계약에 임해야 한다. 계약서를 집필자에게 충분히 검토할 시간을 준 후 핵심 내용에 관해서 별도의 브

리핑을 거쳐 집필자의 이해를 도와야 한다. 특히 인세, 인세 지급 시기, 저작권 보호 등 집필자에게 낯선 항목들은 이해하기 쉽도록 설명한 후 확인하는 것이 좋다. 출판편집자에게는 익숙한 것들도 집필자는 쉽게 이해하지 못하거나 잊어버리는 경우가 많기 때문이다. 계약 과정에서 이견이 생기면 집필자와 논의를 통해 조율하고 합의해야 한다. 이후 출판 과정에서 합의 사항은 성실히 이행해야 하고, 만약 부득이하게 합의 사항을 지키지 못할 때는 집필자에게 충분히 설명하고 양해를 구하는 것 역시 출판편집자의 역할이다. 신뢰는 솔직함에서 구축된다는 것을 잊지 마라.

집필자와 출판편집자 간의 가장 긴 소통이 필요한 시기는 바로 원고 집필 기간이다. 이 시기에 출판편집자는 집필자를 잊어버리고 내버려 두는 경우가 많다. 나 역시 수많은 일정 속에 집필 중인 집필자 관리를 소홀히 했던 경험이 있는데, 열이면 아홉은 탈고 시기를 어기게 되고 원고는 산으로 가고 만다. 필자가 자주 하는 말 중에 '사람은 믿어도 집필자는 믿지 마라!'는 말이 있다. 생계형 집필자를 제외한 대부분의 저자들은 본업이 따로 있기 때문에 옆에서 계속 독촉하지 않으면 원고는 우선순위에서 밀리게 되어 있다. 특히 원고 집필은 창작의 고통이 따르는 작업이기 때문에 의도적으로 다른 일을 먼저 하는 때도 있다. 출판편집자가 원고 집필 기간에 정기적으로 집필자가 집필에 열중할 수 있도록 독려하고 관리해야 하는 이유가 바로 여기에 있다. 예전에 함께 일하던 출판편집자에게 집필자의 원고 집필 과정을 체크하라고 시킨 적이 있었다.

그 직원은 집필자에게 전화를 걸어 "잘 지내시죠? 원고는 얼마나 쓰셨나요?"라고 단도직입적으로 묻는 것이었다. 이 질문에 집필자는 "잘 쓰고 있으니 걱정하지 마세요."라고 대답하고 전화를 끊었다.

결국, 형식적인 질문에 형식적인 대답으로 끝났고 이 집필자는 결국 원고를 작성하지 못한 채 계약을 파기하는 상황까지 이르렀다. 필자는 집필자와 출판편집자의 관계는 머리보다 가슴을 사용해야 한다고 믿는다. 집필자가 바쁜 일정 속에서 창작의 고통을 느낄 때 출판편집자가 작은 위로와 관심을 보낸다면 집필자는 마음을 열고 원고에 대해 출판편집자와 의논할 것이다.

출판편집자가 원고를 받을 때는 장이나 꼭지별로 나눠서 꾸준히 받아야 한다. 집필 과정에서 원고를 수시로 점검해 문제점이 나타나면 바로바로 집필자와 공유하여 수정함으로써 탈고 이후의 작업을 최소화해야 한다. 이때 수정, 보완해야 할 내용에 대해서는 집필자에게 최대한 구체적으로 설명하되 예의를 잊지 말아야 한다. 이렇게 소통하는 과정에서 원고의 질이 높아지고 집필자와 출판편집자 사이의 신뢰가 높아진다.

원고를 탈고했다고 해서 집필자와의 소통이 끝나는 것은 아니다. 편집 및 제작 과정에서 집필자와 소통이 더욱 중요하다. 출판사에 따라 집필자의 원고를 임의대로 수정하여 내용을 첨삭하는 때가 있는데, 이는 매우 위험하다. 특히 소설과 같은 문예 창작물이나 전문서는 문장을 멋대로 손대지 않는 것이 원칙이다. 만약 부득이하게 수정해야 한다면 집필자에게 이유를 구체적으로 설명하고 합의한 후 수정해야 한다. 그뿐만 아니라 편집 과정에서 발견한 내용 오류나 전문가 감수 및 베타테스터의 내용을 반영하는 과정에서 집필자가 함께 작업해야 한다. 집필자의 입장에서는 이 과정이 피곤하고 짜증스러울 수 있다. 따라서 집필자가 함께 작업해야 하는 이유를 상세히 설명하고 참여를 유도하는 것도 출판편집자의 역할이다. 개인적으로 필자는 이 단계에서 집필자와 친분이 더욱 돈독해지곤 한다.

하루에도 수십 번 전화 통화를 하거나 함께 교정지를 수정하면서 밤을 지새우기 때문이다.

당신은 집필자에게 '저 출판편집자와 두 번 다시 일하고 싶지 않아!'와 '저 출판편집자라면 앞으로도 계속 함께 책을 만들고 싶어!' 중 어느 쪽으로 기억되고 싶은가? 단연 후자일 것이다. 집필자의 입장과 취향을 잘 헤아리는 사람, 출판편집자의 전문성을 지닌 사람, 신뢰와 애정으로 사람을 대할 줄 아는 사람이 된다면 당신도 '집필자가 함께 일하고 싶은 출판편집자'가 될 수 있다.

공동 작업에서
의사소통은 생명이다

출판편집에서 소통은 생명이다.

축구는 11명이 팀워크를 이루어 치르는 게임이다. 11명이 서로 패스를 하는 과정에서 골 결정 상황을 만들고, 비로소 승점으로 연결할 수 있다. 개인기가 출중한 선수가 혼자서 골을 골대까지 몰고 가다가는 얼마 못 가서 상대팀에게 빼앗기고 만다. 또 골에 욕심이 생긴 나머지 좋지 못한 상황에서 슛을 한다면 승점은커녕 상대팀에게 기회가 넘어갈 수 있다. 11명의 선수는 승리라는 하나의 목표를 향해 서로 믿으면서 팀워크를 만들어야 승리를 거머쥘 수 있다.

출판도 마찬가지다. 앞에서 이야기했듯이 책은 집필자 혼자서, 또는 출판편집자 혼자서 만드는 것이 아니다. 출판은 집필자, 기획자, 교정자, 디자이너, 마케터, 제작 담당자 등이 함께하는 공동 작업이다.

과거에는 출판편집자가 기획, 교정, 조판까지 담당하는 때도 있었지만, 최근에는 전문성을 강화하기 위해 역할에 따른 담당자가 세분화되었다. 따라서 책 한 권을 완성하기 위해 각 분야의 담당자들이 공동 작업을 할 수밖에 없다.

공동 작업에서 의사소통은 필수다. 책을 만들 때 각자가 생각하는 상(象)이 서로 다르다면 좋은 책을 만들 수 없다. 서로 같은 콘셉트를 가지고 공동의 목표를 향해 매진해야만 비로소 독자에게 인정받을 수 있는 책이 탄생한다. 그러기 위해서는 함께 참여하는 작업자들 간에 작업 공정 내내 원활한 의사소통이 이루어져야 한다. 출판편집 공정에서 의사소통의 통로를 마련하고 리드하는 사람은 단연코 출판편집자여야 한다. 출판편집자는 책의 콘셉트를 숙지하고 출판편집 공정의 전반을 아우르고 있는 사람이기 때문이다. 중요한 점은 주도권을 가지되 혼자만의 생각에 빠져 다른 사람의 의견을 무시해서는 안 된다는 것이다.

출판편집자는 편집 단계에서 리더가 되어야 한다. 편집 공정의 큰 틀에서 공동 작업자들의 상황을 파악하여 인간적으로 공감대를 형성하고, 한편으로 그들이 자신의 역할을 훌륭하게 소화해 낼 수 있도록 조율해야 한다. 최근의 출판 프로세스에서는 출판사 내부의 인원으로 모든 편집 공정을 해결하기가 어렵다. 그래서 외주 교정자, 외주 디자이너, 외주 제작처와 작업하는 경우가 빈번하다. 이런 경우 의사소통은 더욱 난항을 겪게 된다. 이들은 함께 모여 회의를 할 수 없기 때문에 출판편집자가 전체 계획을 세우고 각각의 담당자들과 의사소통을 해야 한다. 만약 집필자와 의논하여 본문 내용을 추가하기로 결정했다면, 디자이너, 교정자, 제작자, 마케터에게도 이 사실을 알려 줄 필요가 있다. 간혹 편집 일정과 같이 함께 공유할 내용을 작업자들에게 전달하지 않아 문제가 발생하는 경우가 있다. 외주 작업자들은 나와 함께 하는 편집 작업 외에도 다른 업무를 동시에 진행하는 경우가 많기 때문에 일정에 특히 민감하다. 담당 출판편집자는 공동 작업을 하는 모든 이들과 인간적인 유대 관계를 맺어 파트너십을 이끌어 낼 수 있어야 한다. 그뿐만 아니라 작업이 끝난 후에도 작업 비용 지급 및 사후 처리가 제대로 이루어졌는지 확인함으로써 마지막까지 파트너로서의 책임을 다해야 한다.

간혹 외주 작업자들을 '하청'의 개념으로 대하는 출판편집자들이 있다. 이것은 함께 작업하는 파트너에 대한 예의가 아니다. 그뿐만 아니라 그런 대우를 받은 외주 작업자들에게 파트너십을 기대하기 어렵다. 위기에 처했을 때 파트너십이 형성된 작업자들과는 함께 힘을 모아 위기를 헤쳐 나갈 수 있지만, 만약 파트너십이 형성되지 못한 작업자들과는 위기 대처 능력이 떨어질 수밖에 없을 것이기 때문이다.

교정자와 소통

편집 공정에서 일반적으로 출판편집자가 교정을 보는 경우도 있지만, 최근에는 전문 교정자에게 의뢰하는 상황이 많아졌다. 따라서 교정자와 의사소통하는 방법도 출판편집자에게 있어 매우 중요하다. '한글로 된 책을 교정보는데, 특별한 의사소통이 왜 필요할까?'라고 생각할 수 있지만 현실은 그렇지 않다. 아동서, 실용서, 인문서, 경제 경영서 등 책의 분야에 따라 교정볼 때 주의해야 할 점들이 다르기 때문이다. 컴퓨터 실용서의 경우, 그림과 텍스트가 대부분을 차지하는데 그림에 지시선이 일일이 들어가 있다. 이럴 때 마우스 클릭 표시가 제대로 되어 있는지, 메뉴를 표시하는 박스가 밀려 있지 않았는지 등을 함께 살펴보는 것이 중요하다. 그뿐만 아니라 따라 하기 번호가 순서대로 매겨져 있는지 확인하는 것도 교정자가 신경을 써야 할 부분이다. 또 다른 예로 경제 경영서를 교정볼 때 맞춤법 기준안에 맞춰 띄어쓰기를 하다 보면 호흡이 길어질 수 있기 때문에 합성어를 붙여쓰기도 한다. 이럴 때 출판편집자는 출판사 내부에서 준비된 교정·교열 매뉴얼을 미리 교정자에게 전달하고 통일안을 공유해야 한다.

외주 교정자와 작업할 때 작업 비용, 작업 일정, 원고의 콘셉트를 함께 공유해야 할 뿐만 아니라 작업 비용의 정산 시기까지 합의하는 모습이 필요하다. 이로써 서로 도움이 될 수 있는 인간적인 관계까지 형성될 수 있다.

번역자와 소통

외서를 진행할 때는 번역자와 작업을 하게 된다. 단순히 외서를 번역해 주는 것으로 번역자의 역할을 작게 여겨서는 안된다. 번역자 중에는 출판편집자보다 더 많이 외서를 벤치마킹하는 사람들이 많다.

그래서 그들은 출판사에 적합한 좋은 외서를 추천해 주기도 한다.

번역서를 많이 진행하는 출판편집자일수록 번역자와 꾸준한 관계를 맺는 것은 자산이 될 수 있다. 따라서 출판편집자로서 성공하고 싶다면 번역자와 실무적인 업무만의 소통을 하는 것이 아니라 일상생활에서 꾸준히 소통을 할 수 있는 관계를 형성할 필요가 있다. 출판사별로 내부의 번역자 리스트가 존재하겠지만, 출판편집자 개인적으로 번역자 리스트를 만들어 그들과 지속적으로 소통한다면 후에 자신만의 자산이 될 것이다.

외서를 진행할 때는 번역자와 사전 회의를 통해 콘셉트 회의를 진행해야 한다. 외서이기 때문에 번역자가 먼저 책의 내용을 파악한 후 기획자에게 설명해 주고, 기획자는 국내 출판 시장에 맞도록 콘셉트를 조율해야 한다. 이 회의에서 번역 일정, 번역료, 번역 난이도 등도 함께 정하는 것이 좋다. 만약 필요하다면 번역자에게 샘플 번역을 받아 피드백한 이후에 작업에 착수하는 것도 좋은 방법이다.

디자이너와 소통

'너무 평범한 것 같은데……', '좀 더 눈에 띄게 할 수 없나?'

출판편집자들이 디자인 시안을 보면서 가장 많이 하는 말이다. 그렇다면 본인이 원하는 디자인은 어떤 것인지, 디자이너에게 충분히 설명하였는지 생각해 보라. 많은 출판편집자들이 편집 디자인을 의뢰할 때 책의 콘셉트와 원고만 던져준다. 자신의 의견을 보태면 디자이너의 크리에이티브를 가로막지 않을까 하는 걱정 때문인지도 모른다. 하지만 책을 기획하고 진행하는 출판편집자의 의견이 디자인 작업에 반영될 필요가 있다. 물론 디자이너의 창의력도 중요하지만, 원고에 대한 정보가 부족한 디자이너에게 창의력이 얼마나 발휘될 수 있을지 생각해 보라. 창의적인 디자인은 충분한 자료

조사와 정보가 밑받침되어야 나올 수 있다. 디자인이란 아무 것도 없는 무(無)에서 디자이너가 마술 봉을 휘두르면 나오는 것이 아니라는 말이다. 따라서 원고에 대해 누구보다 깊이 고민하고 알고 있는 출판편집자가 주도적으로 자신의 의견을 제시할 때 디자이너의 감각도 최고로 발휘될 수 있을 것이다. 단, 자신의 의견을 단정하듯이 제시하기보다는 사전에 조사한 해당 분야의 트렌드에 대한 정보와 자신이 생각하는 디자인 콘셉트 등을 밝히고 디자이너의 의견을 듣는 열린 자세를 가져야 한다.

이런 의사소통 과정을 통해 디자이너 역시 창의적인 역량이 더욱 확장될 수 있고 멋진 디자인이 탄생할 것이다.

디자인 시안이 나왔을 때 피드백 역시 구체적으로 해야 한다. 디자이너는 출판편집자나 편집장에게 디자인 의도를 충분히 이해시켜야 하고, 출판편집자는 디자인에 대한 피드백을 신속하고 정확하게 해야 한다. 여기서 한 가지 주의할 점은 '이것은 아닌 것 같으니 다시 디자인하라.'라든지, '무언가 허전한데.'와 같이 무성의한 표현은 삼가라는 것이다. 피드백은 디자이너가 공감하여 추가 작업을 할 수 있도록 구체적으로 표현해야 한다. 예를 들어, '디자인 색상이 컴퓨터 활용서에 잘 사용하지 않는 색상이네요. 색상을 다른 색으로 바꿔보면 어떨까요?'라든지, '제목이 눈에 띄지 않는데, 서체를 변경하거나 크기를 바꿔보면 좋겠네요.'처럼 말이다. 출판편집자는 디자이너를 존중하고, 디자이너는 출판편집자를 존중하는 열린 마음을 통해 의사소통은 날개를 달 수 있다. 디자인에는 정답이 없는 만큼, 빠른 판단과 의사소통을 통해 좀 더 효율적인 디자인을 완성할 수 있을 것이다.

마케터와 소통

흔히 출판편집자와 마케터를 한 지붕 안에서 생활하는 다른 가족이라고 표현한다. 출판편집자와 마케터의 관계는 그만큼 물과 기름처럼 섞이기 어렵다는 말이다. 하지만 실제로 둘은 '좋은 책을 만들어 잘 팔리도록 하는' 서로 같은 목표를 지닌 사람들이다. 편집 과정에서 마케터와 소통하는 출판편집자는 많지 않다. 출판편집자들은 편집 과정에서 책 만들기에 급급하기 때문이다. 하지만 마케터는 서점 담당자들과 가장 친하고, 독자들을 현장에서 가장 가까이에서 접하는 사람들이다.

그들의 시선을 통해 독자들의 욕구를 파악하는 것도 출판편집자의 능력이다. 기획안을 작성하는 순간부터 마케터와 함께 고민하고 콘셉트를 잡는 시스템을 만들도록 하자. 그뿐만 아니라 디자인이 완성되면 편집자들의 의견만 듣고 결정하는 것이 아니라, 마케터의 의견도 반영할 필요가 있다.

마케터와 파트너십을 형성하기 위한 또 다른 방법으로는 집필자와의 미팅에 마케터를 함께 동석시키거나 마케터가 서점 담당자를 미팅할 때 출판편집자가 함께 나가는 것도 바람직하다. 이는 출판편집자와 마케터가 서로의 입장을 이해하는 데에 도움이 된다.

출판편집자가
하지 말아야 할 것들

출판편집자가 하지 말아야 할 것들은 다음과 같다.

❶ 다른 사람의 전문 영역을 침범해서는 안 된다.

출판계에는 출판편집자, 기획자, 영업자, 생산자 등의 많은 전문가가 존재한다. 출판편집자가 폭넓은 시각을 가져야 한다고 해서 남의 전문 영역까지 침범해도 된다는 것을 의미하지는 않는다. 따라서 각 전문 영역을 인정하고, 이를 비판적으로 수용하는 자세를 견지해야 한다. 출판편집자에게 조율하는 능력이 필요한 것은 바로 이 때문이다.

❷ 편견을 갖지 말아야 한다.

출판편집자의 마음은 항상 열려 있어야 하며, 시선은 항상 독자를 향해 있어야 한다. 사물을 한쪽 측면에서 바라보는 편견을 갖게 되면 사고의 폭이 좁아지게 되고, 이면을 바라보는 시각을 상실하게 되어 업무를 정상적으로 처리할 수 없게 된다.

❸ 노력 이상의 성과를 기대해서는 안 된다.

출판계에서만큼 '콩 심은 데 콩 나고, 팥 심은 데 팥 난다'는 말이 어울리는 분야도 드물다.

❹ 모든 일을 자신이 맡아 처리해야 한다는 사고를 버려야 한다.

한 권의 책이 기획자, 출판편집자의 손을 거쳐 독자에게 전달되기까지는 많은 단계가 존재한다. 따라서 위임해야 할 업무와 그렇지 않은 업무를 구분하지 못하면 일을 원활하게 처리하지 못하는 경우가 발생한다. 위임해야 할 업무를 구분한 후, 남는 시간에 최대한 집중하게 되면 업무를 효율적으로 처리할 수 있을 뿐만 아니라 성과를 극대화하는 데에도 많은 도움이 된다.

❺ 시간을 낭비해서는 안 된다.

모든 일에는 순서가 있으며, 그 일을 처리해야 하는 절대 시간이 있다. 시간을 효율적으로 활용하지 못하면 다른 공정에도 좋지 않은 영향을 미치게 된다. 출판편집자는 배의 선장과 같은 역할을 한다. 따라서 모든 공정에 투입되는 시간을 파악하고 있어야 할 뿐만 아니라 이를 효율적으로 배분할 수도 있어야 한다. 자신이 관여하는 책이 한 권이라면 별문제가 없겠지만 한 번에 여러 권의 책이 진행되는 경우에는 시간의 효율적 배분이 더욱 중요하다.

❻ 업무에 관한 한 낙천적인 사고방식을 버려야 한다.

출판의 모든 공정에는 사고 요인이 항상 존재하고 있다. 모든 일이 항상 순조롭게 진행되리라는 생각을 버리고, 항상 만일의 사태에 대비해야 한다.

이상에서와 같이 출판편집자는 항상 긴장 속에서 살아가야 한다.

작게는 오자, 탈자에, 크게는 인쇄 사고 또는 매출 부진 등에 신경을 써야 한다. 자신이 만들고자 하는 책, 독자가 원하는 책을 만들고자 하는 열정과 온갖 고생을 거쳐 책이 출간되고 난 후의 희열에 비하면 이와 같은 불편함은 아무것도 아니다.

출판편집자가
반드시 해야 할 것들

출판편집자는 출판의 최일선에서 실무를 담당하는 사람이다. 출판편집자가 해야 할 일들은 다음과 같다.

❶ 자신의 업무 처리 능력을 항상 '버전 업'해야 한다.

'버전 업' 해야 하는 것은 비단 컴퓨터 프로그램뿐만 아니다. 자신의 능력이 수시로 버전 업 되지 않으면 결국 도태될 수밖에 없다. 항상 최신 정보에 귀를 기울여야 하고, 트렌드가 무엇인지에 관심을 가져야만 독자들이 원하는 책을 만들어 낼 수 있다.

❷ 자료를 수집하고 정리하는 습관을 가져야 한다.

오늘날과 같은 데이터로 움직이는 사회에서는 최신 정보

라는 것이 의미가 없어졌다. 하루가 다르게 새로운 정보들이 생성되기 때문이다. 따라서 정보의 속도에 따라가려면 정보를 수시로 수집하고 정리하는 습관을 길러야 한다. 이러한 습관이 형성되면 원하는 정보를, 원하는 시간에 찾을 수 있을 뿐만 아니라 정보(데이터)를 가공하는 능력도 함양할 수 있게 된다.

❸ 충분한 독서를 하여야 한다.

남의 글을 고치는 일은 그리 쉬운 일이 아니다. 집필자의 의도를 정확하게 간파하고 그 의도가 왜곡되지 않게 수정하려면 문장을 독해하는 능력이 있어야 한다. 문장 독해 능력을 향상시키는 데는 왕도가 없다. 남의 글을 수정하려면 남이 쓴 글을 많이 읽어보아야 한다. 책을 많이 읽지 않은 사람은 당장의 편집 업무는 할 수 있을지 몰라도 머지않아 한계를 드러내게 된다. 시중의 책들은 각 출판사들이 나름대로 정선한 것이므로 이러한 책들을 읽는 것만으로도 자연스럽게 편집에 관련된 공부를 하게 되는 효과를 거둘 수 있다.

❹ 사물에 대한 호기심을 가져야 한다.

출판편집자이든, 편집자이든 사물에 대한 호기심이 없으면 일정 수준 이상의 발전을 기대할 수 없다. 지금 생각하고 추진하고 있는 일들이 최선이라는 생각을 해서는 안 된다. 적어도 출판편집자에게는 최선이란 존재하지 않는다. 항상 새로운 것을 관찰하고 연구할 때 더 나은 책을 만들 수 있게 되는 것이다.

❺ 공급자 중심의 사고에서 탈피하여야 한다.

공급자의 시각에서는 시장 상황을 제대로 바라보기가 어렵기 때문이다. 수요자의 입장에서 사고를 하는 습관을 길러야만 독자들이 무엇을 원하는지, 현 세대 또는 미래 세대가 어떤 방향으로 흘러갈 것인지를 파악할 수 있다.

출판편집자는 깨어 있어야 한다. 출판편집자의 소임은 시대가 원하는 책, 독자가 필요로 하는 책을 만드는 것이다. 따라서 항상 촉각을 곤두세우고 좋은 책을 만드는 일에 집중하지 않으면 자신도, 독자도 원치 않는 책을 만들게 될 것이다.

감수와 베타테스터로
완성도를 높여라

출판편집자는 점검하고 또 점검하여 완성도 높은 책을 만들어야 한다.

전문서의 경우, 아무리 전문가가 원고를 집필하였다 하더라도 내용의 오류가 없다고 보장할 수 없다. 이런 경우 출판편집자는 해당 분야의 전문가가 아니기 때문에 원고를 아무리 꼼꼼히 훑어본다고 하더라도 오류를 잡아내기가 어렵다. 그래서 해당 분야의 전문가를 감수자로 선정하여 원고를 감수하도록 부탁해야 한다. 예전에는 감수자의 유명세를 빌리기 위해 형식적으로 이름만 넣는 때도 있었다. 하지만 이는 책의 완성도에 아무런 도움도 되지 않을 뿐만 아니라 이름을 빌려준 감수자 역시 책의 내용에 대해 책임지지 못하기 때문에 최근 들어 이런 경우는 거의 사라졌다.

감수 과정은 원고의 재구성 단계부터 진행하는 것이 좋다. 일반적으로 1인~2인으로 구성하는데, 이는 원고의 상태에 따라 다르다.

필자의 경우에는 원고의 재구성 단계에서 감수자를 선정하여 원고를 보여주며 내용에 오류가 없는지와 용어 통일에 대한 조언, 재구성에 대한 방향을 의논한다. 이 과정에서 감수자는 전문가와 독자의 시선으로 원고를 분석해서 독자의 눈높이에 맞게 원고가 쓰였는지, 내용에 오류는 없는지 등을 분석하고 원고 보강에 대한 의견을 제시한다. 형식적으로 원고를 훑어보게 만드는 것이 아니라 전문적인 지식을 가지고 있는 사전 독자로서 그의 의견을 밝힐 수 있는 환경을 만들어 줘야 한다.

감수자가 전문적인 지식을 지닌 사전 독자라면, 베타테스터는 독자의 눈높이에 맞는 예비 독자라고 할 수 있다. 주로 컴퓨터 입문서나 활용서에 베타테스터를 투입한다. Step by Step 형식의 도서는 단계가 생략되거나 샘플 파일이 누락되면 독자들이 올바르게 학습할 수 없다. 그 때문에 출간 전에 베타테스터 제도를 사용하여 원고가 독자들의 눈높이에 맞는지, 누락된 단계는 없는지, 샘플 파일은 모두 있는지를 확인하는 과정이 필요하다. 상황에 따라 2명~3명을 진행하거나 수십 명을 진행하기도 한다.

최근 블로그나 커뮤니티에서 활동하는 집필자가 늘어남에 따라 베타테스터는 출판사 내부 시스템에서 진행하기보다 블로그나 커뮤니티를 통해 공개적으로 많은 인원이 참가하는 경향을 보이고 있다.

이는 원고의 오류를 줄이기 위함도 있지만, 예비 독자들을 베타테스터로 투입하면서 출간 전 광고 효과를 노리는 방법이기도 하다. 이 때문에 블로그나 커뮤니티에서 인지도 있는 필자를 선호하는 경향이 생기기도 하였다.

베타테스터는 원고의 재구성이 완료된 이후 진행하는 것이 일반적이다. 원고를 A4 용지에 프린트하여 진행하거나 편집 초교지가 나왔을 때 진행하기도 한다. 베타테스터를 진행할 때 베타테스터가 지켜야 할 지침을 문서로 전달한다. 출간 전이기 때문에 원고의 외부 유출을 금하고, 비밀을 유지할 것을 약속받아야 한다.

감수와 달리 베타테스터는 출판 시스템을 전혀 모르기 때문에 출판편집자는 원고를 어떻게 검토해야 하는지 세세하게 알려 줘서 원활하게 베타테스트를 진행할 수 있도록 도와야 한다. 컴퓨터 입문서의 경우, 400~500페이지가 넘는 원고를 검토해야 하기 때문에 편집 일정을 계획할 때 베타테스터의 일정을 넉넉하게 확보할 필요가 있다.

간혹 출판편집자가 편집 일정을 짤 때 베타테스터나 감수의 일정을 아직 고려하지 못하고 있다가 늦게 진행하게 되는 경우가 있다. 500페이지가 넘는 원고를 전달하면서 2일~3일 만에 점검해 달라고 베타테스터에게 부탁하는 모습을 보았다. 이는 베타테스터를 진행하는 목적은 상실한 채 형식적인 절차만 지키고자 하는 것이다.

이렇게 형식적으로 베타테스터를 진행할 것이라면 아예 진행하지 않는 것이 낫다. 베타테스터는 형식적인 목적이 아니라 원고를 완벽하게 만들기 위한 과정이기 때문이다. 사람이 하는 일에 완벽함을 추구하는 것은 매우 어려운 일이다. 하지만 베타테스터와 감수 제도를 통해 좀 더 완벽에 가깝게 다가갈 수는 있을 것이다.

책을 편집하는 과정에서
고려해야 할 것들

책의 구조는 제본 방식에 따라 다르지만 일반적으로 표지에 관련된 부분, 본문에 관련된 부분으로 나눌 수 있다. 표지에 관련된 부분으로는 앞표지, 뒤표지, 앞날개, 뒤날개, 책등, 띠지 등이 있으며, 본문에 관련된 부분으로는 속표지, 본문이 있다.

책의 구조를
파악하라

책의 구조는 제본 방식에 따라 다르지만 일반적으로 표지에 관련된 부분, 본문에 관련된 부분으로 나눌 수 있다. 표지에 관련된 부분으로는 앞표지, 뒤표지, 앞날개, 뒤날개, 책등, 띠지 등이 있으며, 본문에 관련된 부분으로는 속표지, 본문이 있다.

❶ 앞표지

앞표지는 책의 얼굴이라고 할 수 있다. 독자들이 책과 처음 대면하는 것이 앞표지이다. 따라서 앞표지는 책에 대한 인상을 결정하는 중요한 요소라고 할 수 있다. 앞표지를 구성하는 요소로는 책의 제목 및 부제, 지은이, 출판사명, 책의 내용을 함축한 문구 및 삽화(또는 일러스트, 사진) 등이 있다.

❷ 뒤표지

뒤표지 또한 앞표지에 못지않게 중요한 요소이다. 일반적으로 뒤표지에는 독자의 서평이나 추천글, 본문 내용 중에서 독자에게 어필하고 싶은 글 등이 담겨 있다. 앞표지를 보고 바로 머리말을 살펴보는 독자들이 있는가 하면, 자신이 고르고자 하는 책이 어떤 내용을 담고 있는지를 파악하기 위해 뒤표지를 먼저 살피는 독자들도 있다. 따라서 뒤표지라고 해서 결코 소홀히 다루어서는 안 된다.

❸ 앞날개 및 뒤날개

앞날개와 뒤날개는 책의 일반적인 형태는 아니지만 필요에 따라, 디자인적인 필요성에 따라 최근 들어 많이 사용하고 있는 추세에 있다. 일반적으로 앞날개와 뒤날개에는 집필자 약력, 도서 목록 등이 수록된다.

❹ 책등

책등은 '세네카'라고도 하며, 앞표지와 뒤표지의 연결 부분을 말한다. 책등에는 일반적으로 책의 제목과 집필자명, 출판사명을 수록한다. 앞표지와 뒤표지에 책등을 추가하면 일단 책의 외형은 갖추어졌다고 할 수 있다.

❺ 속표지

속표지는 앞표지의 다음에 들어가는 책의 요소이다. 속표지는 대부분의 책에 들어가는 요소로, 생략하는 경우는 거의 없다. 속표지는 주로 홀수 페이지에 배치한다.

❻ 본문

책의 내용이 담기는 부분으로 본문의 인쇄 범위는 거의 일정하다. 출판사마다 다르기는 하지만 대략 9~10.5cm로 인쇄한다. 행간 또한 책의 종류에 따라 다르다. 예를 들어 소설은 페이지와 독자의 특징을 감안하여 결정하며, 어린이 책은 행간이 넓고 성인이 읽는 책은 상대적으로 좁다.

과거에는 행장(본문의 넓이), 행간(행과 행 사이의 넓이), 자간(글자와 글자 사이의 간격)이 정해져 있었지만 지금은 자유롭게 변형해서 사용한다.

초고는 초고일 뿐,
편집 방향을 잡아라

완벽한 초고는 없다. 완벽한 책을 위해 편집 방향부터 잡아야 한다.

작은 의미에서 편집은 초고가 손에 들어오는 순간부터 책을 제작에 넘기기 전까지의 단계를 말한다. 출판편집자가 실력을 발휘할 수 있는 시간이기도 하다. 아무리 완벽한 원고라고 하더라도 출판편집자의 입장에서 보면 미완성 원고일 뿐이다. 원고가 온전한 책의 모습으로 독자와 만나기까지 수많은 편집 공정을 거쳐야 하기 때문이다.

필자가 원고를 탈고하여 편집 단계에 들어가면 출판편집자가 가장 먼저 해야 할 일이 원고를 읽고 검토하는 것이다. 원고 읽기는 출판편집자의 기본 자질로, 원고를 보는 눈과 판단력이 필요하다. 이 과정은 교정·교열을 보듯이 빨간펜을 들고 원고를 한 글자씩 들여다보는 것이 아니라 원고의 큰 줄기를 파악하여 목차의 흐름이 적당한지, 편집 개발 요소는 있는지, 타깃 독자에게 맞는 글쓰기가 되었는지 등을 판단하는 것이다. 단, 이때 원고는 꼭 프린트해서 보는 습관을 지니도록 하자. 이상하게 모니터를 통해 글을 읽는 것과 프린트해서 글을 읽을 때의 느낌이 다르다. 프린트를 해서 보아야만 글의 운율이 보이며, 통일해야 할 것들, 글의 흐름이 파악된다. 책을 여러 번 진행한 경험이 있는 출판편집자라면 이 과정을 거칠때 완성된 책의 모습이 구체적으로 그려진다. 경력이 많은 출판편집자일수록 책의 판형, 책 표지 디자인, 본문 레이아웃, 인쇄 도수, 본문 삽화 여부 등을 구체적으로 상상할 수 있다.

예전에 e-러닝 수기집을 만든 적이 있다. e-러닝 과정을 듣고 남긴 후기 중 우수작 50편을 추린 것이 원고였다. 50명이 작성한 원고는 50명의 목소리로 제각각 하고 싶은 말을 쏟아내기만 하여 읽고 나니 그들의 소리가 뒤섞여 아우성치는 것 같았다. 필자는 먼저 책의 큰 틀을 만들기 위해 강의 주제별로 후기를 분류하여 5개의 장을 만들었다. 그런 다음, 각 장을 대표하는 글들을 뽑아 앞쪽에 배치하여 독자의 시선을 잡아 두도록 하였다. 하지만 글을 쓴 사람이 여러 명이라서 산만한 느낌이 남아 있었기에 친근함을 느낄 수 있는 펜 터치 느낌의 삽화를 본문에 배치하여 글을 좀 더 쉽게 읽을 수 있도록 하였다. 원고를 재구성한다는 것은 이런 것이다. 단편적인 글들에 하나의 흐름을 부여하여 한 권으로 책으로 엮어 내는 것 말이다.

초고를 보면서 편집 방향을 잡을 때 편집 개발 요소를 찾는 것도 중요하다. 몇 년 전에 DSLR이 유행하면서 출판계에도 수많은 DSLR 도서가 쏟아졌다. 실용서는 특히 편집 개발 요소가 많은데, DSLR 도서는 내용을 설명하기 위한 대표 사진, 사진 정보, 활용 팁 등의 요소가 들어간다. 실용서의 특성상 긴 문장으로 풀어 주는 것보다 일목요연하게 박스 형태로 구성하는 것이 효과적일 때가 있다.

그뿐만 아니라 그 어떤 문장보다 잘 찍은 사진 한 장이 독자들의 시선을 사로잡는 분야이기 때문에 편집 개발 요소를 찾고 어떻게 배치할 것인지 디자이너와 함께 의논하여 효과적인 레이아웃 디자인을 찾아야 한다.

편집 과정은 판단의 연속이다. 책이 완성되어 독자의 손에 도착하기까지 긴장을 늦춰서는 안 된다. 편집과 기획은 결코 분리될 수 없다. 기획에 의해 원고가 완성되었다면 기획 의도에 맞게 원고가 탈고되었는지 파악하고, 기획 콘셉트에 맞지 않는 원고일 때 추가 집필을 요청할 것인지, 원고를 포기할 것인지 역시 출판편집자가 판단해야 한다.

독자의 시각으로
책을 편집하라

책의 첫 번째 독자는 바로 출판편집자이다.

책이 독자와 만날 때 가장 편안하고 친근하게 다가갈 수 있도록 만드는 것이 출판편집자의 역할인 만큼 예민하고 꼼꼼한 첫 번째 독자가 되어야 한다. 출판편집자의 고정관념에서 벗어나 타깃 독자의 입장을 제대로 반영해서 만든 책이야말로 독자의 선택을 쉽게 받을 수 있다.

얼마 전 부모님을 위한 컴퓨터 도서 개정판의 편집 진행을 맡았다. 기존에 잘나가던 책이었는데, 컴퓨터 사양과 프로그램이 업그레이드됨에 따라 내용을 보강하기 위해 새롭게 개정판을 만들게 된 것이다. 책을 진행하면서 출판사는 기존 책에 대한 독자들의 의견을 개정판에 반영하기로 하였다. 타깃 독자인 50대 이상의 어르신들이 보는 책이니 만큼 글자 크기도 키우고 그림 크기도 크게 배치하였다.

그뿐만 아니라 어르신들이 컴퓨터를 이용하여 자녀나 손자, 손녀들과 컴퓨터로 소통할 수 있는 SNS 메신저의 활용법을 추가하고 심심할 때 어르신들이 쉽게 할 수 있는 고스톱 게임 방법을 담았다. 주변의 모든 것이 디지털화되고 있고 스마트폰, 스마트 TV 등이 등장하는 시대에 고작 SNS 메신저, 고스톱 사용 방법을 다루는 것이 대수냐고 생각하겠지만 컴퓨터가 낯선 어르신들의 입장에서는 실생활에서 활용 가능한 내용을 배우면서 컴퓨터와 친숙해질 수 있는 것이다.

중요한 것은 지금 만들고 있는 책을 누가 볼 것인가이다. 글씨를 읽기 힘든 영·유아, 초등학생, 중고생, 성인, 어르신까지 연령에 따라 나눌 수 있고, 학생, 직장인, 주부, CEO 등과 같이 역할에 따라서도 독자를 나눌 수 있다. 앞에서와 같이 어르신들이 보는 책이라면 어르신들이 최대한 편안하게 책을 접할 수 있도록 편집해야 하고, 글씨를 읽지 못하는 영·유아를 위한 책이라면 그림은 크게, 글자 수는 최대한 조금 넣어야 할 것이다. 또 직장인을 위한 자기계발서라면 빨리 핵심에 접근할 수 있도록 글의 호흡을 빠르게 다듬고, 키포인트를 정리해 주어 내용을 한 번 더 주지시켜 주는 것도 좋은 방법이다. 독자가 여자라면 작은 핸드백에 손쉽게 넣고 다닐 수 있도록 작은 판형에 가벼운 종이를 사용하여 만들 수도 있다. 이렇게 독자의 입장에서 고민하면 편집 방향도 쉽게 결정된다.

책의 구성도 이와 마찬가지다. 엑셀 기능을 A부터 Z까지 담아서 바이블을 만든다고 가정해 보자. 목차가 100개도 넘는 기능을 제목별로 나열해 놓는 것보다 데이터, 서식, 수식, 차트 등 기능별로 목차를 분류하고 이에 더하여 엑셀 기능의 이름으로 검색할 수 있는 색인을 함께 구성하면 독자의 입장에서 필요할 때 쉽게 찾아볼 수 있을 것이다.

촉박한 편집 일정에만 쫓겨서 책을 만들기에 급급하다가는 서점 구석의 책장에 꽂혀 독자들에게 외면받는 책을 만들 수도 있다는 점을 명심하라. 출판편집자는 언제나 날카로운 독자의 시선에서 원고를 읽고, 판단하고, 가공해야 한다는 것을 잊지 말아야 한다.

편집 일정 관리는
출판편집자의 능력이다

예전에 집필자가 농담처럼 이런 말을 한 적이 있었다. '마감은 어기라고 있는 것'이라고…….

당시에는 웃으면서 넘겼지만, 현실을 되돌아보면 맞는 말이기도 했다. 수십 권의 책을 편집하고 마감했지만, 과장을 조금 더하면 단 한 번도 마감일을 지킨 적이 없었다. 이유는 다양하다. 집필자의 원고가 늦게 탈고되거나, 원고의 질이 떨어져 보강을 하거나, 교정자나 편집 디자이너들과 일정이 어그러지거나, 기껏 그린 본문 삽화가 콘셉트와 맞지 않아 다시 그리기도 했다. 그뿐만 아니다. 추천사를 받지 못하거나 한국어판 서문을 받지 못한 경우도 있다. 편집 과정은 출판편집자뿐만 아니라 외부에서 벌어지는 다양한 변수들의 관리 과정이라 볼 수 있다. 경험이 많은 출판편집자일수록 편집 과정에서 나타날 수 있는 변수들을 능수능란하게 요리하고, 초보 출판편집자일수록 작은 변수에도 당황하기 마련이다. 즉, 변수 관리 능력이 바로 출판편집자의 능력이다.

사람들이 하는 일에는 변수가 생기기 마련이다. 편집 일정을 관리하고 싶다면 편집 과정에 참여한 사람들의 일정을 살피는 것이 중요하다.

이 책에서는 원고가 탈고된 이후, 출판편집자에 의해 초고가 재구성이 완료된 시점부터 최종 PDF 제작 단계까지 다루기로 한다. 그 이후 단계는 제작과 관련된 영역이 더 많기 때문이다. 편집 일정에 참여하는 사람은 일반적으로 출판편집자, 집필자, 교정자, 편집 디자이너(조판자), 삽화가, 사진가 등이다. 출판편집자는 이 모든 참여자들에게 편집 일정을 미리 공지하고 전체 편집 프로세스를 공유해야 한다. 한 사람이 마감일을 지키지 못할 때 얼마나 많은 사람들이 대기하고 시간을 낭비하게 되는지 알게 되면 책임감이 생길 것이다. 편집 일정의 변수는 외주 작업자가 많을수록 더 많이 발생한다. 작업자가 내부에 있다면 변수가 생겼을 때 빠르고 탄력적으로 대처할 수 있지만, 외주 작업자의 경우 그 변수를 관리하기 쉽지 않다. 일정 관리에 실패하게 되면 단순히 출판편집자의 시간만 손해를 보는 것이 아니라 비용 손실까지 볼 수 있다는 점을 염두에 두어야 한다.

초고가 출판편집자의 손에 들어오면 출판편집자는 편집 과정에 참여하는 사람들을 선정하고 그들에 맞게 편집 일정 표를 작성한다. 원고의 특성이나 상태에 따라서 세부 일정이 달라지지만 기본적인 흐름은 비슷하다. 텍스트가 많은 원고 라면 교정자의 일정을 넉넉하게 배치하고, 그림이나 사진이 많고 페이지가 많은 원고라면 편집 디자이너의 일정을 넉넉 하게 잡는다. 다음은 개인적인 경험에 의해 필자가 세운 교정 자와 편집 디자이너의 일정 기준안이다.

250페이지 경제/경영서 기준			500페이지 컴퓨터 도서 기준		
편집 단계	교정자	편집 디자이너	편집 단계	교정자	편집 디자이너
파일 교정	5일		파일 교정	5일	
1교	5일	5일	1교	7일	8일
2교	4일	3일	2교	4일	4일
3교	3일	2일	3교	4일	3일
최종 교정 (OK 교정)	3일		최종 교정 (OK 교정)	4일	
화면 교정	1일	1일	화면 교정	1일	1일

앞에서 말했듯이 교정자와 편집 디자이너가 출판사 내부

인원이라면 원고 일부를 교정보고, 편집을 넘기고, 편집 일부를 교정자에게 넘기는 등 겹쳐서 작업할 수 있기 때문에 일정을 단축할 수 있다.

하지만 외주 교정자와 편집 디자이너가 작업할 경우라면 택배와 퀵 서비스를 이용하여 교정지를 주고받아야 하기 때문에 어느 정도 완성된 교정지를 주고받을 수 있다. 편집 디자이너는 이 과정에서 소요되는 시간과 비용에 대해 작업자들과 사전에 소통하고 공유할 필요가 있다. 만약 서울에 있는 편집 디자이너가 교정지를 출력하여 교정자에게 보내려고 할 때 교정자의 작업실이 분당에 있다면 시간과 비용이 같은 서울에 위치하는 사람보다 많이 소요된다. 이때 출판편집자가 이런 문제를 미리 예측하지 못한 채 교정자와 편집 디자이너에게 맡기게 되면 서로 일정과 비용에 불만이 생기게 된다. 출판사마다 이런 경우의 기준이 있겠지만, 일반적으로 퀵 서비스나 택배를 이용할 경우 보내는 측에서 비용을 부담하게 된다. 하지만 시일이 촉박하여 택배가 아닌 비용 부담이 큰 퀵 서비스를 요청할 경우, 상대방이 부담하기도 하기 때문에 상황에 따라 조정을 해야 한다.

다음은 일반 단행본을 제작하기 위해 실제 계획했던 편집 일정표이다. 출판편집자는 원고나 출간 시기에 따라 편집 일정을 사전 계획하고 편집 완료가 되는 순간까지 수정, 보완하여 함께하는 작업자들과 공유해야 할 것이다.

작업 일정표

날짜	1/31	2/1	2/2	2/3	2/4	2/5	2/6	2/7	2/8	2/9	2/10	2/11	2/12	2/13	2/14	2/15	2/16	2/17	2/18	2/19
작업 소요일	1	2	3	4	5	6	7	8	9	10	11	12	13	14	15	16	17	18	19	20
편집		표지 디자인 의뢰				내지 디자인 검토 및 수정						표지 디자인 발주						저자교정+1교검토		
교정		표지 교정(5일)													1교 교정(5일)					
편집 디자인			내지 디자인 시안(5일)					초교 편집(5일)								표지 디자인(5일)				
저자/감수													저자 교정							

날짜	2/20	2/21	2/22	2/23	2/24	2/25	2/26	2/27	2/28	3/1	3/2	3/3	3/4	3/5	3/6	3/7	3/8	3/9	3/10	3/11
작업 소요일	21	22	23	24	25	26	27	28	29	30	31	32	33	34	35	36	37	38	39	40
편집															최종 교정지 검토		최종 PDF검토		인쇄/제작	
교정					2교 교정(4일)						3교 교정(2일)									
편집 디자인			2교 편집(3일)							3교 편집(2일)							최종 교정			
저자/감수		감수/추천사 의뢰																		

지속 가능한 출판을 위한 **출판편집의 시작**

출판편집자는 본격적인 편집 단계에 접어들면 모든 작업자들의 일정을 파악하고 어려움이 생길 때 나타나는 슈퍼맨이 되어야 한다. 출판편집자의 편집 일정 관리란 기계적으로 일정만 체크하는 것이 아니라 그들이 작업에 어려움을 느낄 때 진정한 파트너로써 함께 해결해 나가는 것까지를 의미한다. 일정에 문제가 생겼을 때 문제에 대한 책임만을 전가하는 것이 아니라 문제의 원인을 파악하고 작업자들을 독려하여 함께 해결해 나가는 모습을 보임으로써 파트너십을 쌓는 것이 중요하다. 이것은 그들의 역할을 존중해 주면서 신뢰할 때 가능하다.

제목과 목차를
재구성하라

책 제목은 첫인상이다. 매력적인 첫인상을 남겨라.

독자들은 표지와 제목으로 책을 처음 접한다. 따라서 표지와 제목은 책의 첫인상이 된다. 독자들을 매료시킬 첫인상을 남겨야 한다. 이것이 바로 출판편집자의 임무이다. 그러나 제목을 잘 정하는 것은 결코 쉽지 않다. 제목이 잘 나왔다 싶으면 어디선가 들어본 것 같기도 하고, 며칠씩 고민 끝에 제목을 정하면 왠지 어색하고 맘에 들지 않기 일쑤다. 제목은 독자의 시선을 사로잡을 정도로 매력적이기도 해야 하지만, 책내용의 핵심을 제목 하나에 담아야 한다. 그뿐만 아니라 입에 착착 달라붙어 독자가 기억하기 쉬워야 한다. 특히 인터넷서점의 등장으로 책 제목은 더욱 중요해졌다. 인터넷 서점에서 원하는 책을 찾기 위해서는 책 제목, 집필자, 출판사 등으로 검색하는데, 책 제목이 어렵다면 검색이 어렵기 때문이다.

그렇다면 잘 된 제목은 어떤 것일까? 듣기만 해도 독자들이 직관적으로 책의 콘셉트를 이해하고 책의 내용을 상상할 수 있는 제목이 좋은 제목이다.

제목을 만드는 방법은 출판편집자마다 서로 다르겠지만, 큰 흐름은 비슷할 것이다.

다음은 필자가 제목을 정할 때 사용하는 방법이다.

❶ 원고를 읽어본 후 핵심 단어, 즉 주제어를 찾는다. 주제어는 독자들이 들었을 때 호기심이 생길 수 있는 것이 좋다.

❷ 주제어와 어울리는 단어를 찾는다. 주제어를 수식해 줄 형용사나 의미를 확장시킬 수 있는 명사도 좋다.

❸ 명사형, 동사형, 감탄사형 등 다양한 형식으로 제목을 만들어 나열해 본다. 앞의 단계에서 찾은 주제어와 어울리는 단어를 이용하여 조합하고, 비틀고, 의미를 확대해 보는 과정이다.

❹ 제목 후보군을 추려 주변 사람들에게 물어본다. 앞에서 만든 다양한 제목들을 파일로 정리하여 리스트를 만든 후, 그중 매력적인 제목을 3~5개로 압축하여 제목 후보군을 선정한다. 너무 많은 후보군을 선정하면 설문조사 의견이 중구난방으로 나뉘게 되어 원하는 결과를 얻기가 어렵다. 그런 다음 함께 편집 작업에 동참한 이들을 비롯하여 서점 담당자 등에게 의견을 묻는다.

❺ 제목을 선정한 후 제목에 어울리는 부제를 선정한다. 부제는 책 내용을 좀 더 확실한 명제로 정리하여 제목을 더욱 매력적으로 보이게 만드는 요소이다.

개인적으로 필자는 제목을 선정할 때 인터넷을 서핑을 한다. 온라인 서점이 아니라 쇼핑몰이나 뉴스 기사, 메일 등을 살펴보면서 메인 카피나 헤드라인, 기사 제목 등을 훑어본다. 이는 최근 카피의 트렌드를 파악하기 위한 작업이다. 책 제목에 유행어를 사용할 수는 없지만, 사람들에게 어필할 수 있는 문구가 어떤 것들이 있는지 파악하는 것은 독자의 눈높이를 맞추기 위해 중요한 작업이다. 이 밖에 인터넷 서점에 방문하여 각 분야의 신간 및 베스트셀러 책 제목들을 수집한다. 평소 다른 출판사에서 출간하는 도서를 분석하기 위해 인터넷 서핑을 하다가 수시로 눈에 띄는 책 제목을 모아 파일로 모아 두는 것도 좋은 방법이다. 개인적으로 명사형, 서술형, 대칭형 등으로 책 제목을 분류하여 모아 두는데, 이는 진행하는 책의 제목을 선정할 때 중요한 자료가 된다.

다음은 필자가 만들었던 e-러닝 수기집의 제목을 정하는 과정이다.

주제어	e-러닝
연관 단어	성공, 공부, 크레듀, 미래, 열쇠, 능력, 학습
후보 제목	▶자기 계발형 1. 성공을 부르는 좋은(공부) 습관, e-러닝 2. 미래를 바꾸는 성공 코드 3. 앞서가는 이들의 비밀 열쇠, e-러닝 ▶감성 코드형 4. e-러닝으로 최고의 나를 찾아라 5. 내 인생을 바꾼 I LOVE e-러닝 6. 잠자는 나의 능력을 깨워 준 e-러닝 7. e-러닝과 함께 떠나는 또 다른 삶의 여행 ▶대칭형 8. e-러닝을 아는 자 VS e-러닝을 모르는 자 9. 지식을 배우는 e-러닝, 세상을 알려주는 e-러닝
최종 제목	성공을 부르는 좋은 습관, e-러닝
부제	e-러닝에서 최고의 나를 찾아라!

제목 못지않게 책 내용을 잘 정리해야 하는 것이 바로 목차 (Contents)이다. 독자들은 책의 내용을 한눈에 살펴보기 위해 목차를 읽어본다. 목차는 책의 내용을 일목요연하게 정리해 놓은 지침서로, 독자들이 책을 효과적으로 읽을 수 있는 길잡이기도 하다. 책에 따라 처음부터 끝까지 읽는 책이 있는가 하면, 필요한 부분을 찾아서 읽는 책도 있다. 후자의 경우, 목차는 더욱 중요한 역할을 한다. 목차는 편(篇), 부(部), 장(章), 절(節)의 제목을 해당 페이지 수와 함께 보여준다. 여행할 때 안내자가 산만하면 여행도 산만해지기 마련이다. 마찬가지로 목차도 일목요연하게 표현해야 한다. 원고와 함께 읽는 제목은 원고의 내용과 의미가 일맥상통하는지 파악하는 데 용이하지만, 목차를 구성할 때는 부적절하다. 왜냐하면 목차는 하나의 운율을 형성해야 하기 때문이다. 예를 들어 1장, 2장의 제목은 서술형인데, 나머지 3, 4장이 명사형으로 끝날 경우 흐름상 어색하기 때문이다. 부별, 장별, 절별로 제목의 운율을 맞춰야 한다.

다음은 포토샵 입문서를 대상으로 제목의 흐름을 맞춘 예이다.

장 제목	절 제목
1장. 포토샵 시작하기 2장. 포토샵 기본기 익히기 3장. 사진 크기와 구도 바꾸기 4장. 사진 노출 보정하기 5장. 사진 색상 보정하기 6장. 인물 사진 보정하기 7장. 풍경 사진 리터칭 하기 8장. 사진 아트워크 도전하기	······ 10. 드라마틱한 하늘을 표현하자 11. 파노라마로 풍경을 펼쳐보자 12. 흑백 사진을 컬러 사진으로 변신시키자 13. 포토샵으로 다이어트하자 14. 모델 포즈도 마음대로 바꾸자 15. 디지털로 메이크업하자 16. 여드름과 잡티를 숨기자 ·······

　장 제목은 명사형으로, 절 제목은 서술형으로 통일한 후 기능을 함께 적어 주었다. 이렇듯 목차는 하나로 묶어놓고 보았을 때 운율이 생기고 목차만 보아도 쉽게 책의 전체 내용을 파악할 수 있어야 한다. 여기에서 예로 든 컴퓨터 서적의 경우, 초보자들이 쉽게 이해할 수 있도록 꾸밈 글을 많이 넣게 된다. 이와 같이 책의 분야에 따라 독자들의 눈높이에 맞는 제목을 선정하여 목차로 정리하는 노하우 역시 출판편집자의 능력이라 볼 수 있다. 출판사에 따라 목차나 제목을 간결하고 직관적으로 정하기도 하고, 수식어를 많이 붙여 광고 카피처럼 정하기도 한다. 물론 정답은 없다. 얼마나 독자가 목차를 편하고 쉽게 이해하느냐가 중요하다. 목차는 책의 편집 과정 마지막까지 갈고 다듬어 독자들이 책을 읽는 데 효과적인 길잡이가 되도록 만들어야 한다.

섬세한 책의 구성으로
독자를 유혹하라

대형 서점에 나가서 책을 살피는 독자들을 본 적이 있는가? 그들을 유심히 관찰해 보면 대부분의 독자들이 가장 먼저 표지에 매료된 책을 집어서 한 장 한 장 넘겨가며 책을 살펴본다는 것을 알 수 있다. 또 그중 일부는 머리말과 목차 등 본문 앞쪽에 있는 부속물을 꼼꼼히 살피고, 일부는 책의 본문을 넘기면서 이미지처럼 본문을 훑어서 살핀다. 이처럼 책의 구성은 독자들의 선택을 도와주는 중요한 요소이다.

먼저 책이 어떻게 구성되는지 살펴보자. 책은 크게 '부속물'과 '본문'으로 구성된다. 부속물은 다시 본문 앞쪽에 배치되는 앞쪽 부속물과 본문 뒤에 배치되는 뒤쪽 부속물로 구분된다. 앞쪽 부속물은 '권두', 뒤쪽 부속물은 '권말'이라고도 한다.

앞쪽 부속물에는 표지를 넘겼을 때 바로 나타나는 속표지 1, 2에서 판권, 머리말, 감사의 글, 추천사, 목차 등이 포함된다. 또 뒤쪽 부속물에는 책의 내용을 보충해 주는 부록에서 각주, 용어 해설, 참고 문헌, 찾아보기 등이 포함된다. 본문은 본문 표지인 도비라와 본문으로 구성된다. 본문은 앞쪽에서 자세히 살펴보았기 때문에 여기에서는 앞쪽 부속물과 뒤쪽 부속물을 어떻게 배치하고, 편집 과정에서 어떤 점에 주의해야 하는지에 대해 살펴보도록 하겠다.

앞쪽 부속물

앞에서 언급했듯이 앞쪽 부속물은 책의 앞쪽을 구성하는 부속 원고를 말한다. 출판사나 책의 성격, 국가에 따라 순서가 다르기는 하지만 일반적으로 대동소이하다.

부속물은 본문 편집이 끝난 이후에 편집하는 것이 일반적이기 때문에, 유럽이나 영미권에서는 앞쪽 부속물은 로마자 소문자로, 본문은 숫자로 표기하여 본문만 페이지 수를 매겨 표기한다. 하지만 우리나라의 책은 대부분 앞쪽 부속물도 함께 페이지 수를 매기되, 부속물에는 페이지를 따로 표기하지 않고, 본문이 시작되는 부분에서 페이지 수를 표기한다. 먼저 책의 표지를 넘기면 별도의 색지로 구성된 면지가 배치되

어 있다. 이는 별도의 종이를 사용하기 때문에 배열표에 추가
되지 않고 부속물에도 포함되지 않는다.

면지를 넘기고 나면 속표지 1이 나온다. 속표지 1은 약표제
지, 반표지, 헛표지(Half-title)라고도 하는데, 책의 제목만 작
게 배치한다. 일반적으로 표지의 제목과 같은 서체를 사용하
고 집필자와 출판사는 표기하지 않는다. 일반적으로 속표지
1의 뒷면은 백면으로 두는데, 번역서의 경우 여기에 원서의
판권을 넣기도 한다.

다음으로 속표지 2를 배치하는데, 이는 본격적인 책의 시
작을 알리는 부속물이다. 여기에는 책 제목, 집필자, 출판사,
시리즈 명칭 및 시리즈 번호를 표기한다. 간혹 속표지 1을 생
략하고 속표지 2를 배치하는 경우도 있다. 이후 머리말, 번역
자의 글, 감사의 글, 개정한 서문, 추천사, 출판편집자의 글 등
을 책의 성격에 따라 배치한다.

머리말은 집필자가 쓰는 글로, 글 뒤에 집필자 이름, 날짜,
장소를 함께 표기한다. 머리말에는 집필 동기와 함께 책을 집
필하면서 겪었던 일이나 출판 과정 등을 적는다. 특별히 집
필 과정에서 도움을 받은 이들이나 자료에 대해 감사의 글을

남기기도 하는데, 분량이 많은 경우 '감사의 글'을 별도로 구성하기도 한다.

머리말은 독자들이 본문을 접하기 전에 접하는 글로, 짧은 글이지만 강한 인상을 심어 줄 수 있도록 출판편집자는 집필자와 함께 고민해야 한다.

추천사는 집필자보다 인지도가 높거나 분야에서 대중적인 인지도가 높은 사람이 쓰는 글로, 책의 신뢰도를 높이기 위해 넣는다. 번역서의 경우, 번역자의 글을 넣어 원서의 성격과 번역서의 성격이 어떻게 달라졌는지, 원서의 배경과 국내의 배경의 차이를 번역자의 관점으로 책의 내용을 재정리해 준다.

실용서의 경우 일러두기를 앞쪽에 배치하여 책을 보는 방법에 대해 표기한다. 컴퓨터 도서의 경우 '이 책의 구성'이라고 표기하여 따라 하기 내용 구성, 예제 파일의 표기법, 주의, 팁 등을 소개하여 독자들이 책을 볼 때 참고할 수 있도록 한다.

목차는 본문을 일목요연하게 살펴볼 수 있도록 배치한다. 목차는 책에 관한 지도와 같다. 책의 내용을 한눈에 파악하거나, 필요한 내용을 찾을 수 있도록 도와준다. 책의 성격에 따라 편(編), 부(部), 장(章), 절(節)의 제목과 소제목을 배치하고 본문의 페이지 수를 표기한다. 초보 출판편집자의 경우 본문의 페이지 수와 목차의 페이지 수를 잘못 표기하는 엄청난 실수를 하는 경우가 종종 있다. 목차는 본문에 대한 내용을 선정해서 앞에 별도로 배치한 것이기 때문에 본문과의 대조를 통해 목차의 제목과 본문의 제목이 일치하는지, 페이지 수는 올바로 표기했는지 확인, 또 확인하는 습관을 가져야 한다.

목차는 앞에서 말했듯이 독자들이 책을 여행하는 데 있어서 지도와 같기 때문에 일목요연하고, 정확한 표기가 기본이다. 이 밖에 도판 목록, 출판편집자 후기 등을 배치한다.

뒤쪽 부속물

본문이 끝나는 시점부터 '뒤쪽 부속물'이라고 한다. 부록이 있는 경우, 성격에 따라 본문의 연장으로 편집할 수도 있지만 본문을 이해하는 데 필요한 참고 자료로 별도로 보여 줘야 한다면 부속물로 배치하는 것이 맞다. 김훈의 『칼의 노래』에는 등장하는 인물에 대한 소개를 '인물지'라는 이름으로 책의 뒤쪽에 배치하였다.

역사 분야의 책에 들어가는 연표 역시 책의 뒤쪽에 배치하

지속 가능한 출판을 위한 **출판편집의 시작**

는 경우가 많다. 연표는 역사적 배경을 이해하고 연대별로 본문을 파악하는 데 도움이 된다. 김훈의 『현의 노래』를 보면 가야와 삼국사 연표가 본문 뒤쪽에 배치되어 있다.

참고 문헌은 본문을 집필하는 데 참고하거나 인용한 도서 목록을 표기한 것으로, 각 장의 본문 뒤에 배치하는 경우도 있지만 일반적으로 본문의 뒤쪽에 배치한다. 참고 문헌을 추가함으로써 독자들이 본문을 폭넓게 이해하는 데 도움을 준다.

찾아보기는 '색인'이라고도 하는데, 실용서나 학술서와 같은 전 문서에는 꼭 필요한 구성 요소이다. 찾아보기는 본문의 편집이 완료된 이후 페이지 수가 고정된 후에 작업하는 과정으로 편집 단계의 마지막에 하는 작업이다. 집필자가 직접 독자들이 궁금해하는 내용을 위주로 목록을 작성하는 경우와 경험이 많은 교정자나 출판편집자가 본문 편집을 마무리하는 과정에서 목록을 작성하는 경우가 있다.

개인적으로 컴퓨터 도서를 많이 편집했기 때문에 이 과정은 주로 담당 출판편집자가 본문의 마무리 과정에서 독자들이 궁금해할만한 내용의 목록을 입력하고 페이지 수를 매겼다. 최근에는 인디자인 프로그램을 이용한 편집이 많아져서 편집 디자이너가 직접 프로그램을 이용하여 작업하는 경우도 생겼다.

찾아보기는 독자를 배려한 구성 요소이다. 간혹 찾아보기에 표기된 페이지 수와 본문이 일치하지 않는 경우가 있는데, 이것은 아예 넣지 않는 것보다 못하다. 사소해 보이는 출판편집자의 실수가 책의 신뢰도를 땅에 떨어뜨린다.

마지막으로 판권이 들어가는데, 경우에 따라 앞쪽에 배치하기도 한다. 일반적으로 판권은 유럽과 미국은 앞쪽에 배치하고, 일본은 뒤쪽에 배치하는데, 우리나라는 일본의 영향을 받아 주로 뒤쪽에 배치하였다.

하지만 최근에는 판권을 앞쪽에 배치하는 경우도 많이 있다. 판권에는 책의 제목, 판쇄 및 발행일, 지은이 및 역자는 물론 책을 만드는 데 기여한 사람들(출판편집자, 디자이너, 삽화가 등)의 목록과 함께 출판사의 정보를 표기한다. 이 밖에 가격 및 ISBN 정보와 저작권 보호를 위한 표기를 한다. 판권은 출판사마다 일정한 형식을 가지고 있기 때문에 그 형식에 따라 표기하면 된다.

책 콘셉트에 맞도록
본문과 표지를 디자인하라

본문과 표지 디자인이 책의 콘셉트와 어울려야 한다는 것은 누구나 알고 있는 사실이다. 하지만 막상 책을 만드는 사람의 입장이 되어 보면 책의 콘셉트에 맞는 디자인이란 무엇인지 감을 잡기가 어려운 것이 사실이다. 책의 콘셉트에 맞는 본문과 표지를 디자인하려면 가장 먼저 본문의 내용을 파악해야 한다. 본문은 어떻게 구성되어 있는지, 어떤 체제를 갖추고 있는지, 어떤 내용을 담고 있는지를 알고 있어야 콘셉트를 잡을 수 있고, 이에 따라 본문과 표지의 디자인을 할 수 있기 때문이다.

일단 집필자의 원고가 접수되면

❶ 원고를 읽으면서 내용의 흐름을 파악한다.

❷ 원고의 구성을 살펴본다.

❸ 장, 절별로 나누어 본다(페이지를 배분한다).

❹ 별면으로 처리할 원고 내용이 있는지 살펴본다(스페셜 팁, 여기서 잠깐, 플러스 등).

❺ 본문 중 디자인이 필요한 부분을 정리한 후 디자이너에게 설명한다.

❻ 디자인 시안을 바탕으로 수정 작업을 한다.

책의 콘셉트에 맞는 디자인을 하기 위해서는 출판편집자가 책의 내용과 구성을 완전히 파악한 후 이에 맞는 글자의 형태(글꼴), 크기, 배치, 색깔, 배경 그림, 삽화, 일러스트 컷 등을 전체적으로 고려하여 디자인을 하여야 한다. 우리 주변에 출판되는 여러 책의 디자인은 그야말로 다양하지만 어느 정도 일정 패턴을 가지고 있다는 것을 감안하여 디자인하는 것이 현명할 것이다. 본문과 표지를 책의 콘셉트에 맞게 디자인한다는 것은 책의 내용과 어울리도록 디자인해야 한다는 것을 의미하기도 하지만 책의 종류나 성격에 맞게 디자인해야 한다는 것을 의미하기도 한다.

극단적인 예로 일반 단행본 도서를 IT 도서처럼 디자인한다거나 IT 도서를 일반 단행본 도서나 잡지처럼 디자인해서는 안 되기 때문이다.

초교에서 최종 PDF까지
빨간펜 선생님이 되어라

일반적으로 교정은 원고 접수, 원고 파일 교정, 1~3교 교정, PDF 교정, 최종 PDF 검수의 순으로 진행된다. 흔히 원고의 교정은 전문가의 영역이라고 생각하여 외주 교정자에게 의뢰하는 경우가 많지만 출판편집자라면 기본적으로 원고를 다듬을 수 있는 역량을 갖추고 있어야 한다. 설사 원고 교정을 외주 처리했더라도 일을 진행하는 과정에서 원고를 기획 의도에 맞게 조절하려면 일정 수준 이상의 소양을 갖추고 있는 것이 좋다. 원고 파일 교정은 출판 작업의 시작 단계로, 이 작업에 공을 들이지 않으면 이후 작업에 어려움을 겪게 될 수도 있다.

집필자로부터 원고를 접수하면 기획 의도에 맞게 글이 쓰였는지, 글의 순서나 구성을 바꿔야 할 곳은 없는지, 글의 전개는 매끄러운지 등을 점검한다. 그런 다음 원고 교정 작업에 착수하는데, 여기서는 자체 교정의 경우를 예로 들어 설명한다. 과거에는 집필자 원고가 수기(手記) 형태인 경우가 많았지만 최근에는 파일 형태로 접수하는 경우가 많기 때문에 원고 교정은 대개 파일 교정부터 시작한다. 원고 파일을 검토할 때에는 일반적으로 용어를 통일하거나, 문장을 다듬거나, 오탈자를 수정하는 등의 작업을 하게 되는데, 현장에서는 이를 '컨버전(Conversion) 작업'이라 한다. 이 작업은 출판 실무 작업의 첫 단계라는 이유도 있지만, 이 작업을 소홀히 하게 되면 이후 교정 프로세스에서 교정지에 표시해야 할 사항이 늘어날 수밖에 없고, 통일이 안 된 용어가 존재하는 상태로 책이 출판될 확률이 상대적으로 높아진다는 점에서 매우 중요하다고 할 수 있다. 컨버전 작업의 장점은 조판이 완료되기 전, 사전에 원고 내용을 검토함으로써 작업 시간을 단축시킬 수 있고, 잘못된 용어나 오탈자 등을 손쉽게 수정할 수 있다는 것이다.

컨버전 시에는 일반적으로 다음 사항을 점검해야 한다.

- 체제는 잘 갖추어져 있는가?(번호 체제, 제목 레벨 등)
- 제목의 서술 방식은 통일되어 있는가?
- 용어 및 띄어쓰기, 맞춤법은 통일되어 있는가?
- 오자 및 탈자는 없는가?

컨버전 작업이 완료되면 이를 바탕으로 조판 작업이 진행된다. 조판 작업이 완료되면 1차 교정을 진행하게 되는데, 1차 교정 시 중점을 두어야 할 사항은 다음과 같다.

레이아웃이 제대로 적용되었는가?

일반적으로 조판 작업 시에는 조판자에게 본문 원고 파일과 함께 본문 디자인(도비라 디자인, 표 디자인 등), 글꼴 및 글자 크기, 행간 등의 레이아웃 요소가 이송되는데, 간혹 의도한 디자인대로 조판이 되지 않거나 조판을 하는 과정에서 원고의 일부가 누락되는 경우가 발생하기도 한다. 따라서 가장 먼저 이 부분을 중점적으로 살펴보고 잘못된 부분을 초기에 바로잡아야 한다. 조판이 완료된 상태에서 레이아웃을 바꾸면 작업 진행 일정이 지연되거나 작업이 혼선을 빚을 우려가 있으므로 조판 전에 충분히 검토하여 이러한 일이 발생하지 않도록 해야 한다.

원고대로 조판이 이루어졌는가?

조판 작업은 대개 컨버전된 파일(한글 또는 워드 파일)을 넘겨받아 이를 텍스트로 변환한 후 이를 전문 조판 프로그램(쿼크익스프레스 또는 인디자인)에 이용한다. 한글이나 워드를 텍스트로 변환할 때 다른 글자로 바뀌거나 부호 등이 변하는 경우가 있기 때문에 이를 면밀히 체크하여야 한다. 또 조판을 하는 과정에서 문장이나 단어가 누락되지는 않았는지, 서체나 글자의 크기가 제대로 적용되었는지 등을 점검해야 한다.

체제는 제대로 갖추어졌는가?

조판자는 원고 내용을 숙지하지 못한 상태에서 작업을 하기 때문에 본문 레이아웃에 맞춰 작업을 한다고 하더라도 실수를 할 확률이 높다. 따라서 1차 교정 시 체제를 전반적으로 살펴보아야 한다. 대제목, 중제목, 소제목은 물론 서브 제목, 서브 서브 제목에 이르기까지 철저히 점검하여 혹시 발생할지도 모르는 오류를 미연에 방지해야 한다. 또 중제목이 소제목화되어 있지 않은지, 소제목이 서브 제목화되어 있지는 않은지, 서브 서브 제목이 서브 제목화되어 있지는 않은지 등을 점검하여 추후 체제를 다시 바꿔야 하는 경우가 없도록 해야 한다.

원고량은 적당한가?

컨버전 원고는 조판되기 전의 상태이기 때문에 사전에 원고량을 가늠하여 작성을 하였다고 하더라도 조판 후의 상태와 차이가 날 수밖에 없다. 따라서 원고가 넘치거나 모자랄 때에는 이를 적절히 조절해야 한다. 원고가 넘칠 경우에는 불필요한 문장이나 의미가 중복되는 문장, 핵심을 벗어나는 문장 등을 파악하여 이를 삭제하고, 원고가 모자라는 경우에는 단락이나 문장을 나누어 조절하거나 그림 등을 확대하는 등의 방법을 사용하여 내용을 보충해야 한다. 단 이때에는 전체적인 문장 흐름에 지장이 없는지 면밀하게 살펴야 한다.

2차 교정 시에는 위의 사항과 아울러 다음과 같은 사항을 추가로 점검해야 한다.

1교 수정 사항은 제대로 반영되었는가?

교정이 아무리 완벽하게 이루어졌다고 하더라도 조판 시에 제대로 반영이 되지 않으면 1차 교정 시의 수고가 물거품이 된다. 따라서 2차 교정 작업 전에 1차 교정 시에 지시한 사항이 제대로 반영되었는지를 철저히 대조해야 한다. 현장에서는 이를 빨간색 펜을 대조하는 작업이라 하여 '적자(赤子) 대조'라고도 한다. 만약 반영이 되지 않은 사항이 있다면 다시 한번 기록하여 다음 교정지에 반영되도록 하고, 이어서 2차 교정을 진행한다.

부속물은 갖추어졌는가?

일반적으로 출판물의 부속물은 2교지 교정 즈음에 갖추어지는 경우가 많다. 여기서 부속물이란 머리말, 판권, 베타테스터의 글(IT 서적의 경우), 이 책의 구성, 목차 등을 말한다. 만약 미처 부속물이 갖추어지지 못했다면 2교 교정이 끝나기 전에 서둘러 마련해야 나중에 허둥지둥하는 일을 예방할 수 있다.

3차 교정 시에는 다음과 같은 사항을 점검해야 한다.

목차, 찾아보기, 참고 문헌 등에는 오류가 없는가?

2차 교정이 끝나고 3차 교정 시기가 되면 어느 정도 책의 형태가 갖추어지기 시작한다. 이제 마지막으로 목차, 인덱스(찾아보기), 참고 문헌 등을 작성해야 한다. 목차는 본문과의 대조를 통해 제목이 다른 경우가 없도록 하고, 특히 목차 페이지에서 오류가 발생하지 않도록 한다. 이때에는 반드시 본문 작업을 진행하면서 원고가 첨가되거나 삭제되어 페이지가 변동되지는 않았는지 등을 주의 깊게 살펴야 한다. 마지막에 주의하지 못해서 이제까지의 노력이 빛이 바라는 일이 없도록 해야 한다. 찾아보기 또한 주의 깊게 살펴보아야 한다. 찾아보기는 독자들의 편의를 위해 마련한 것이므로 가능한 정확을 기하여 독자들이 불편을 겪지 않도록 해야 한다. 찾아보기는 보통 본문이 완성된 다음에 작성을 하는데, 간혹 다른 사정으로 인하여 본문이 완료되기 전에 작성하는 수도 있다. 이 경우에는 페이지가 변동되었을 확률이 높기 때문에 반드시 마지막 단계에서 확인해야 한다. 찾아보기의 오류 유형은 페이지가 잘못 기입되어 있는 경우 외에도 가나다 순이 잘못되어 있는 경우, 같은 단어가 중복되어 있는 경우 등이 있다.

인쇄 대수를 맞추었는가?

본문의 페이지를 인쇄 대수에 맞게 산정한 후에 작업을 진행하는 것이 원칙이지만 간혹 여러 가지 변수로 인해 페이지가 증가하거나 감소하는 경우가 있다. 원고 대수는 작업을 진행하는 과정에서 수시로 점검하기는 현실적으로 어려운 면이 많기 때문에 마무리 단계에서 점검하는 것이 좋다. 인쇄 대수는 보통 16페이지를 기준으로 하는데, 간혹 8페이지를 기준으로 하기도 한다. 여기서 '인쇄 대수를 맞춘다'함은 종이의 낭비를 없애기 위해 페이지를 대수에 맞게 조정하는 것을 말한다. 즉, 총 페이지를 16(또는 8)로 나누어 자투리 없이 떨어지면 인쇄 대수가 맞는 것이다. 만약 인쇄 대수가 맞지 않는다면 1차적으로 돈땡(같이걸이) 처리를 할 수 있는지 판단해 보고, 불가능하다면 어쩔 수 없이 페이지를 대수에 맞게 가감해야 한다.

가감해야 하는 경우, 본문을 조정하는 경우도 있지만 어느 정도 완료된 본문을 조정하는 것보다는 부속물(머리말, 찾아보기)을 조정하는 것이 좀 더 쉬울 수 있다.

3교 교정이 끝나면 마지막 수정이 이루어지고, 3교 수정 사항을 확인한 후 PDF 교정 작업을 한다. PDF는 인쇄 전 판을 만들기 위해 본문을 '그림화'하는 것으로, 인쇄용은 고해상도로 제작하지만, 확인용은 저해상도로 제작하는 경우가 많다. PDF 교정 시 유의할 사항은 다음과 같다.

깨진 글자는 없는지, 선이 잘못된 것은 없는지, 일러스트나 삽화가 누락된 것은 없는지, 색은 제대로 구현되었는지 등을 점검한다.

PDF 변환 과정에서 글자가 깨지거나, 표의 선이 없어지거나, 일러스트나 삽화가 누락되는 등의 일이 발생할 수 있기 때문에 이를 철저히 점검해야 한다. PDF 점검은 인쇄 전 마지막 공정이므로, 이때 문제점을 발견하지 못하면 인쇄 사고로 이어질 수 있다. 따라서 처음부터 끝까지 철저히 점검하여 사고를 예방해야 한다. 모든 공정이 끝났다는 안일한 마음으로 적절한 확인을 하지 못하여 인쇄가 끝난 다음 후회를 하는 경우도 있다는 것을 명심하고 '확인 또 확인'하는 습관을 지녀야 한다. PDF 점검 과정에서 문제점이 발견되면 적절한 대안을 마련하여 조치해야 한다. 간혹 PDF 점검 과정에서 중대한 오류를 발견하여 인쇄 사고를 예방한 사례가 무수히 많다는 점도 유념하기 바란다. 또 PDF 상에서 색을 점검해야 한다. PDF는 곧 인쇄물이라고도 할 수 있으므로 만약 의도한 대로 색이 나오지 않은 경우에는 다시 작업을 해야 한다. 간혹 해당 페이지를 가인쇄해 보는 경우도 있다.

이제까지 초교에서 PDF 출력까지 교정 과정에 대해 알아보았다. 이 모든 공정은 정확성을 원칙으로 해야 하며, 아무리 사소한 것이라도 확인하고 넘어가는 습관을 지니는 것이 중요하다. 열과 성을 기울여 만든 책이 사소한 실수 하나로 인해 커다란 결과를 초래할 수도 있다는 것을 명심하고, 매사 최선을 다하는 출판편집자가 되기를 바란다.

책의 주민등록번호, ISBN은 이렇게 만들어진다

대한민국 국민이라면 누구나 주민등록번호를 가지고 있듯이 책도 출판 과정을 거칠 때 자신의 고유 번호를 갖게 된다. 이것이 바로 ISBN이다.

ISBN이란?

국제표준도서번호(International Standard Book Number, ISBN)로, 국제적으로 통용되는 도서 번호를 말한다. 한 사람이 하나의 주민등록번호를 가지는 것처럼 하나의 책에는 하나의 ISBN만 부여할 수 있다. 13자리 숫자로 구성된 ISBN은 국가, 발행인, 책 내용 등 많은 내용을 표시하기 때문에 책을 분류, 관리, 유통함에 있어 시간과 인력을 절감할 수 있을 뿐만 아니라 오류도 방지할 수 있다.

ISBN을 부여할 수 있는 대상과 제외 대상은 다음과 같다.

ISBN 부여 대상	ISBN 제외 대상
1. 인쇄도서 2. 팸플릿(광고 및 선전용은 제외) 3. 점자자료(도서 및 오디오테이프) 4. 개별 논문이나 계속자료 중 특별호 5. 지도 6. 교육용으로 제작된 필름, 비디오 테이프, 슬라이드 7. 카세트, CD, DVD를 매체로 한 오디오북 8. 물리적 매체(기계 가독형 테이프, 디스켓, CD-ROM 등)이나 인터넷상의 전자 출판물 9. 인쇄 출판물에 대한 디지털 복제물 10. 마이크로 형태 자료 11. 교육용 소프트웨어 12. 복합 매체 출판물(주된 구성 요소가 텍스트인 경우) 13. POD(주문형 출판물)	1. 계속자료(연속 간행물, 신문, 학술지, 잡지 등) 2. 추상적 본문으로 구성된 도서나 작품 3. 광고물, 전단지등과 같이 수명이 짧은 인쇄 자료 4. 인쇄 악보 5. 표제지와 본문이 없는 화첩 및 아트 폴더 6. 개인 문서(전자 이력서나 개인 신상 자료) 7. 연하장, 인사장 8. 음악 녹음 자료 9. 교육용이외의 목적으로 사용하기 위한 소프트웨어 10. 전자 게시판 11. 전자 우편과 전자 서신 12. 게임

ISBN은 국제표준도서번호 13자리와 부가 기호 5자리를 포함하여 모두 18자리로 구성된다. 각 번호의 구성은 다음과 같다. 부가 기호는 책의 분류를 정해 좀 더 찾기 쉽도록 부여하는 숫자이기 때문에 꼭 기입해야 하는 것은 아니다.

출판사라면 IBSN 코드를 기록한 자료가 있기 때문에 쉽게 새로운 넘버를 부여받을 수 있을 것이다. 하지만 새롭게 시작하는 출판사나 개인 출판을 꿈꾼다면 발행 받는 사람의 고유 코드를 새롭게 부여받아야 한다.

ISBN 코드는 국립중앙도서관 서지정보유통지원시스템(http://seoji.nl.go.kr)을 통해 발급받을 수 있다.

ISBN을 신청하기 위해서는 먼저 출판사 신고를 해야 한다. 출판사는 관할 시군청에 신고를 하면 1주일 이내 출판사 등록이 완료된다. 출판사를 신고할 때 필요한 서류는 신고 신청서, 사업장 매매 계약서 혹은 사업장 임대차 계약서, 법인등기부등본(법인 회사의 경우)이다.

출판사 신고가 완료되면 이제 ISBN 발행자 번호를 받아야한다. ISBN 발행자 번호는 국립중앙도서관 서지정보유통지원시스템 사이트에서 온라인으로 신청한다. 그에 필요한 서류는 발행자 번호 신청서, 출판사 신고필증 사본, 연간 출판예정 목록(향후 1년간의 출판 계획서)이고 별도의 수수료는 없으며, 처리 기한은 5일 정도이다. 그런 다음, ISBN을 사용하기 위한 간단한 교육을 이수하여야 하는데, 사이버 교육과 대면 교육 중에서 선택할 수 있다.

교육을 이수하고 나면 비로소 한국도서번호인 ISBN을 신청할 수 있다. 출판사는 발행할 도서의 인쇄 예정일 7일 이전까지 온라인으로 ISBN을 신청해야 하며 처리 기간은 1일이 소요되고, 결과는 이메일이나 SMS(문자 서비스)로 제공한다. ISBN은 홈페이지 [등재부]에서 확인할 수 있으며, ISBN의 바코드를 출력 및 다운로드하여 비로소 책에 인쇄하면 된다. 책을 인쇄할 때는 판권과 뒤표지 오른쪽 하단에 반드시 ISBN을 표기해야 하고, 발행 또는 제작일로부터 30일 이내에 해당 책을 국립중앙도서관에 2부를 납본(제출) 해야 한다. 혹시 도서 정보가 ISBN을 발행할 때에 제시한 정보와 다를 경우에는 홈페이지의 [정정통보서]에서 정정 내용을 기재하여 신청하면 된다.

책의 요약본,
보도 자료를 작성하라

출판이 완료되고 난 후에는 서적을 홍보하기 위한 목적으로 각 언론사나 온라인 서점 등에 보도 자료를 작성하여 보내야 한다. 보도 자료는 책이 독자에게 노출되는 첫 단계, 즉 홍보의 첫 단추라고 할 수 있다. 따라서 책의 특성이 잘 나타나도록 신중하게, 정확하게 작성해야 한다.

〈신간 보도 자료〉는 일반적으로 다음과 같이 구성되어 있다.
1 출판사 로고, 주소, 전화번호, 팩스 번호, 이메일, 마케팅 담당자명
2 표지 이미지, 책의 제목(부제 포함), 지은이, 가격, 발행일, 책의 판형, 총 페이지, 책의 분류
3 집필자 소개

4 목차

5 책 내용 소개(책 내용 요약)

6 출판사 서평

1

투데이북스 〈신간 보도 자료〉

서울특별시 성북구 아리랑로19길 상가동 104호
전화 : (070)7136-5700 | 팩스 : (02)6937-1860 | e-mail : ec114@hanmail.net
마케팅 담당 : 홍길동(H.P : 010-1234-OOOO)

2

알아두면 쓸 데 있는
3분 생활 경제 상식

저자: 안종군 | **가격**: 13,000원
발행일: 20XX년 XX월 XX일
책 사이즈 및 페이지: 152x225mm | 252쪽
ISBN: 978-89-98192-69-3 (13320)

분류: 국내도서〉 경제, 경영〉 경제일반〉 경제상식

3 [집필자 소개]

잡지사 취재/편집 기자, 교과서 출판사를 거쳐 현재 출판 프리랜서로 활동 중이다. 평소 여러 경제/경영서를 접하면서 그때그때 궁금한 내용을 찾아보다가 단편적인 지식의 한계를 절감하고, 전문적인 지식을 쉽고 체계적으로 정리한 책이 있었으면 좋겠다는 생각을 하게 됐다. 다른 사람의 글을 고치려면 내가 더 많이 알아야 한다는 신념으로 오늘도 열심히 고군분투 중이다.

4 [목차]

제1장 생활편
001 가스라이팅

5 [책 소개]

일생을 살아가면서 필요한 것은 수없이 많지만 그중에서도 경제는 우리가 반드시 알고 있어야 할
영역에 속한다. 우리 삶은 경제생활의 연속이기 때문이다. 하지만 경제는 범위가 무척 광범위하기
때문에 쉽게 다가가기 어렵다. 이 책은 '전문적인 내용은 차치하고라도 우리가 일상생활에서
반드시 알아야 하는 개념을 정리한 책은 없을까?', '뉴스에서 나오는 용어만이라도 이해할 수
있다면 세상이 어떻게 흘러가는지 정도는 알 수 있지 않을까?'라는 고민에서 비롯됐다.

'아는 만큼 보인다'라는 말처럼 우리가 살고 있는 세상에는 '몰라도 먹고 사는 데는 지장이 없지만,
알고 나면 세상을 좀 더 수월하게 살아갈 수 있는 지식'이 많이 존재한다. 그중 '경제'가 대표적인
예라 할 수 있다. 이 책은 우리의 일상생활 속에서 반드시 알아야 할 경제 개념을 '생활편', '경제편',
'기타'로 나눠 일목요연하게 구성했다.

6 [출판사 서평]

일생을 살아가면서 필요한 것은 수없이 많지만 그중에서도 경제는 우리가 반드시 알고 있어야 할
영역에 속한다. 우리 삶은 경제생활의 연속이기 때문이다. 이 책은 우리의 일상생활 속에서 반드시
알아야 할 경제 개념을 '생활편', '경제편', '기타'로 나눠 일목요연하게 구성했다.
이 책은 일상생활 속에서 경제와 관련된 문제에 부딪혔을 때 좀 더 능동적이고 유연하게 대처하는
데 많은 도움이 될 것이다.

이 밖에도 책에 관련된 질문과 답변을 처리할 수 있는 방법 (블로그, 홈페이지 게시판, 트위터, 페이스북 등)을 별도로 명시하기도 한다. 〈신간 보도 자료〉가 완성되면 메일로 보도 자료 파일과 표지 이미지 파일을 서점 신간 담당자와 구매 담당자(MD)에게 보낸다.